edition suhrkamp 2157

Erbschaft unserer Zeit
Vorträge über den Wissensstand der Epoche
Band 7
Im Auftrag des Einstein-Forums
herausgegeben von Gary Smith

Der Mensch, durch sein Übermaß an Wissen aus den Ordnungen der Natur herausgefallen, muß sich eine künstliche Welt erschaffen, in der er leben kann. Das ist die Kultur. Die Kultur entspringt dem Wissen um den Tod und die Sterblichkeit. Sie stellt den Versuch dar, einen Raum und eine Zeit zu schaffen, in denen der Mensch über seinen begrenzten Lebenshorizont hinausdenken und die Linien seines Handelns, Erfahrens und Planens ausziehen kann. Ohne Fantasmen der Unsterblichkeit oder zumindest einer gewissen Fortdauer über unser allzu kurzes Erdendasein hinaus kann der Mensch nicht leben, sein Handeln nicht als sinnvoll erfahren.

Doch so einförmig sich der Tod aus biologischer Perspektive ausnehmen mag, seine kulturelle Überformung und Bewältigung nimmt tausendfältige Gestalten an. Vielleicht wird es einmal eine kulturwissenschaftliche Thanatologie geben, die diese Gestalten vergleichend untersucht. Jan Assmann liefert hierfür am Beispiel des Alten Ägypten Vorarbeiten. Im Zentrum seiner Untersuchung stehen drei verschiedene Todesvorstellungen: der Tod als Feind, der Tod als Heimkehr und der Tod als Geheimnis.

Dieses Projekt einer kulturwissenschaftlichen Komparatistik des Todes ergänzt Thomas H. Macho in seinem anschließenden Beitrag um die Frage nach der zeitlichen Transformation des Toten, um die Frage nach den Möglichkeiten, diese »Erscheinungen« und Veränderungsprozesse technisch zu gestalten, sowie um die Frage nach den möglichen Symbolisierungen dieser Maßnahmen durch die Überlebenden, einschließlich der Frage nach der symbolischen Projektion der Techniken, Rituale und induzierten Gefühle auf das unbekannte und ungreifbare »Schicksal« des Toten selbst.

Jan Assmann
Der Tod als Thema der Kulturtheorie

Todesbilder und Totenriten im Alten Ägypten

Mit einem Beitrag von Thomas Macho
Tod und Trauer im kulturwissenschaftlichen Vergleich

Mit zahlreichen Abbildungen

Suhrkamp

Diese Buchreihe wurde ermöglicht durch die
Berliner Festspiele GmbH

Diese Studie entstand während eines von der
C. F. Siemens-Stiftung ermöglichten
Forschungsaufenthalts in München

edition suhrkamp 2157
Erste Auflage 2000

Erstausgabe

Satz: Jung Satzcentrum, Lahnau
Druck: Nomos Verlagsgesellschaft, Baden-Baden
Umschlag gestaltet nach einem Konzept
von Willy Fleckhaus: Rolf Staudt
Printed in Germany

1 2 3 4 5 6 - 05 04 03 02 01 00

Erbschaft unserer Zeit

Das 20. Jahrhundert, dessen geistiges Erbe in dieser Buchreihe geprüft werden soll, hat durch einen unvorstellbaren Verlust an Ethik Geschichte gemacht. Es war uns vorbehalten, die Techniken der Naturbeherrschung so zu entfalten, daß sie auch an der inneren Natur des Menschen keine Grenze mehr fanden und damit das Jahrhundert der Völkermorde ermöglichten. Verdun und Vietnam, Auschwitz und der Archipel Gulag waren die inhumanen Stationen jenes Fortschrittszuges, den wir lieber zu Freud und Benjamin, Picasso und Godard fahren sahen.

Kann man diese Paradoxie in einer Synthese unseres heutigen Wissens aufheben? Die Bände der »Erbschaft unserer Zeit« versuchen es mit einem Zugang, der an die Enzyklopädisten erinnert. Sie gehen auf Vorträge zurück, die bis zur Jahrtausendwende in Berlin gehalten wurden. Führende Wissenschaftler aus unterschiedlichen Disziplinen leisten auf Einladung des Einstein-Forums und der Berliner Festspiele GmbH Beiträge zu einer Bilanz der Moderne, die nur einen gemeinsamen Fluchtpunkt kennt: gänzliche Illusionslosigkeit über das Zeitalter – aber dennoch ein rückhaltloses Bekenntnis zu ihm.

Gary Smith

Inhalt

Jan Assmann
Der Tod als Thema der Kulturtheorie:
Todesbilder und Totenriten
im Alten Ägypten
9

Thomas Macho
Tod und Trauer im
kulturwissenschaftlichen Vergleich
89

Zu den Autoren
122

Jan Assmann

Der Tod als Thema der Kulturtheorie

Todesbilder und Totenriten im Alten Ägypten

I
Drei ägyptische Todesbilder

Aus dem Alten Orient sind uns zwei Mythen überliefert, die den Menschen als ein Zwitterwesen definieren: ausgestattet mit dem Wissen der Götter, allerdings nicht mit deren Unsterblichkeit. Zum göttlichen Wissen gehört das ewige Leben, zum Sterbenmüssen gehört die Unwissenheit. Aber der Mensch, dieses exzentrische Wesen, hat die sinnvolle Disposition gestört. Er verbindet Wissen und Sterben. Der babylonische Mythos handelt von Adapa, dem Sohn des Ea.[1] Ea ist der Gott der Weisheit. Er konnte seinem Sohn die Weisheit, aber nicht die Unsterblichkeit vererben. Eines Tages zerreißt der Südwind dem fischenden Adapa das Netz. Adapa verflucht den Südwind, und da er das Wissen der Götter besitzt, ist sein Fluch so kräftig, daß er dem Windgott die Flügel bricht. Dadurch wird der unhaltbare Zustand offenkundig: Ein irdisches Wesen besitzt das Wissen der Götter und ist doch kein Gott. Adapa wird vor den Thron des Anu, des Götterkönigs, zitiert. Ea gibt ihm die Weisung mit auf den Weg, keine Nahrung anzurühren, die ihm die Götter anbieten. Es könnte die Nahrung

1 Ich benutze die Übersetzung von E. A. Speiser, »Adapa«, in: J. B. Pritchard, *Ancient Near Eastern Texts Relating to the Old Testament*, Princeton ²1955, S. 101-103. Die älteste Bezeugung stammt aus dem Tontafelarchiv von Tell el-Amarna in Ägypten (14. Jahrhundert v. Chr.). Der Mythos selbst stammt, nach freundlicher Auskunft von K. Deller, aus altbabylonischer Zeit. Vgl. ferner G. Bucellati, »Adapa, Genesis and the Notion of Faith«, in: *Ugarit-Forschung* 5 (1973), S. 61-66, und S. Picchioni, *Il poemetto di Adapa*, Budapest 1981.

des Todes sein. So verweigert Adapa die ihm angebotenen Speisen. Es war jedoch die Nahrung des Lebens. Denn die Götter wollten den unhaltbaren Zustand dadurch beenden, daß sie ihn zu einem Gott machten. So aber bleibt es für alle Zeiten bei dieser prekären Verbindung von Wissen und Sterben.

Der biblische Mythos vom Sündenfall läßt Adam und Eva vom Baum der Erkenntnis essen und dadurch wissend werden »wie Gott«. Bevor sie jedoch auch noch vom nebenstehenden Baum des Lebens essen und die dazugehörige Unsterblichkeit erwerben können, werden sie aus dem Paradies vertrieben. Beide Mythen definieren den Menschen durch ein Zuviel an Wissen und ein Zuwenig an Leben. Im babylonischen Mythos geht es um ein kosmisch-magisches Wissen, um die Geheimnisse von Himmel und Erde, in der Bibel dagegen um moralisches Wissen, das Wissen um Gut und Böse; in beiden Fällen aber um ein Wissen, das den Wissenden gottgleich macht, sicut Deus. Über all das hinaus aber, seien es nun die Geheimnisse von Himmel und Erde oder von Gut und Böse, weiß der Mensch, und nur er, auch noch, daß er sterben muß.[2] Das wissen die Götter nicht, weil sie unsterblich sind, und das wissen die Tiere nicht, weil sie nicht vom Baum der Erkenntnis gegessen haben. Den Menschen indes droht dieses Wissen aus der Bahn zu werfen. Dieses Wissen schafft einen unhaltba-

2 In folgenden Worten, die ich nach Thomas Macho, *Todesmetaphern*, Frankfurt/M. 1987, S. 108, zitiere, faßt Alexandre Kojève Hegels Einsicht in diesen Sachverhalt zusammen: »Der Mensch ist das einzige Wesen in der Welt, das *weiß*, daß es sterben muß, und man kann sagen, daß er das Bewußtsein seines Todes *ist*: wahrhaft menschliche Existenz ist existierendes Todesbewußtsein oder seiner selbst bewußter Tod.« Die Übereinstimmung mit Heidegger »springt«, wie Macho hervorhebt, »förmlich ins Auge«.

ren Zustand. Wer es hat, sollte nicht sterben müssen. Wer sterblich ist, sollte dieses Wissen nicht besitzen.

»Glückselige Himmlische«, ruft Marsilio Ficino in einem Brief aus, »die alles im Lichte erkennen! Sichere Tiere, die in Finsternis leben und kein Verständnis des Künftigen haben! Unglückliche und angsterfüllte Menschen, die gewissermaßen dazwischen im Nebel wandeln!«[3] Aus dem Zuviel an Wissen und dem Zuwenig an Leben resultiert ein Ungleichgewicht, das wie die »Unruhe« einer Uhr den Menschen in innerer Bewegung hält. Augustinus hat das die Unruhe des Herzens genannt: *inquietum est cor nostrum, donec requiescat in te* – »unruhig ist unser Herz, bis es ruhet in dir«.[4] Diese Unruhe zeichnet den Menschen aus; die Tiere haben sie nicht. Diese Unruhe, meinte Augustinus, geht von Gott aus, der den Menschen auf sich hin geschaffen habe, so daß er im Irdischen kein Genüge finden kann, aber Marsilio Ficino hat das, was er die *inquietudo animi*, die Unruhe des Geistes, nennt, scharfsinnig auf den Tod bezogen und als Sehnsucht nach Unsterblichkeit gedeutet.

Ich möchte diese Mythen auf meine Weise ein Stück weiter erzählen. Der Mensch, durch sein Zuviel an Wissen aus den Ordnungen der Natur herausgefallen, muß sich eine künstliche Welt erschaffen, in der er leben kann. Das ist die Kultur. Die Kultur entspringt dem Wissen um den Tod und die Sterblichkeit. Sie stellt den Versuch dar, einen Raum und eine Zeit zu schaffen, in der der Mensch über seinen begrenzten Lebenshorizont hinausdenken

3 Marsilio Ficino, Lettere I, 149, nach Walter Andreas Euler, *»Pia philosophia« et »docta religio«. Theologie und Religion bei Marsilio Ficino und Pico della Mirandola*, München 1998, S. 50.

4 *Confessiones* I.1,1, s. Augustinus, *Bekenntnisse*, lateinisch und deutsch, hg. v. Joseph Bernhart, Frankfurt/M. 1987, S. 12f.: *quia fecisti nos ad te et inquietum est cor nostrum, donec requiescat in te.*

und die Linien seines Handelns, Erfahrens und Planens ausziehen kann in weitere Horizonte und Dimensionen der Erfüllung, in denen erst sein Sinnbedürfnis Befriedigung findet und das schmerzliche, ja unerträgliche Bewußtsein seiner existenziellen Begrenzung und Fragmentierung zur Ruhe kommt. Ohne Fantasmen der Unsterblichkeit oder doch zumindest einer gewissen Fortdauer über den allzuengen Horizont unseres Erdendaseins hinaus kann der Mensch nicht leben: Sie bilden den von Illusionen umstellten Horizont, in dem allein menschliches Handeln sich als sinnvoll erfahren kann, jene »Hamlet-Lehre«, wie sie Nietzsche im 7. Kapitel seiner *Geburt der Tragödie* bestimmt.

Dieser Horizont hat einen individuellen und einen kulturellen Aspekt. Der individuelle Aspekt besteht in einer Art Unsterblichkeits-Sinn, -Trieb oder -Bewußtsein, ohne den bzw. das der Mensch in schwere Depressionen verfallen würde. Davon wissen die Psychiater und Therapeuten. Der kulturelle Aspekt besteht in der Konstruktion eines kulturellen Gedächtnisses, das unsere individuellen Erinnerungen, Erfahrungen und Erwartungen prägt und eingliedert in Horizonte und Perspektiven, die nicht nur Jahrtausende, sondern unter Umständen auch jenseitige Räume umfassen. Selbst wer den Tod für das absolute Ende von allem hält und zutiefst davon überzeugt ist, mit seinem Ende ins Nichts zu versinken, investiert sich doch in Handlungen, deren Folgen ihn überdauern und deren Planung den Horizont seiner Existenz sowohl in der Sozialdimension synchroner Vernetzung als auch in der Zeitdimension diachroner Verankerung überschreiten. Der Tod oder, besser, das Wissen um unsere Sterblichkeit ist ein Kultur-Generator ersten Ranges. Ein wichtiger Teil unseres

Handelns, und gerade der kulturell relevante Teil, Kunst, Wissenschaft, Philosophie, Wohltätigkeit, entspringt dem Unsterblichkeitstrieb, dem Trieb, die Grenzen des Ich und der Lebenszeit zu transzendieren.[5]

Damit soll nicht gesagt sein, daß alle Kulturen und Religionen der Erde von der Unsterblichkeit der Seele überzeugt seien. Weit gefehlt: Dieses Hinausdenken über den Horizont der eigenen Lebenszeit kann ganz verschiedene Formen annehmen, die gar nichts mit Jenseits und Unsterblichkeit zu tun haben. Das weiß man seit dem 17. Jahrhundert, und der Fall lohnt wohl einen kleinen historischen Exkurs. Schon 1624 hatte Lord Herbert of Cherbury den Glauben an die Unsterblichkeit der Seele als eine der fünf allen Religionen gemeinsamen Grundannahmen ermittelt, aus denen er die Elemente einer natürlichen Religion gewinnen wollte.[6] Es kam Lord Herbert vor allem darauf an, zu zeigen, daß auch die Heiden an die Unsterblichkeit der Seele und an ein Jenseits glaubten, ohne die Kultur und Religion nicht denkbar seien. Um so größer war der Schock, als Spinoza ein halbes Jahrhundert später schlüssig nachwies, daß ausgerechnet in den mosaischen Offenbarungsschriften, der Grundurkunde des westlichen Monotheismus, von Jenseits und Unsterblichkeit mit keinem Wort die Rede ist.[7] Sowohl Juden wie Christen hatten über mehr als anderthalb Jahrtausende lang die ihnen selbstverständliche Wahrheit von der Unsterblichkeit der Seele in die hebräische Bibel hineingelesen. Jetzt wurde zweifelsfrei klar: Es stand nichts davon

5 Diese Gedanken sind alles andere als neu und zuletzt prägnant und eindrucksvoll entfaltet worden von Zygmunt Bauman, *Tod, Unsterblichkeit und andere Lebensstrategien*, Frankfurt/M. 1994.

6 Edward, Lord Herbert of Cherbury, *De veritate*, Paris 1624.

7 Baruch de Spinoza, *Tractatus Theologico-Politicus*, 1670.

drin. Wer die Unsterblichkeit der Seele predigte, waren die Heiden, allen voran die Ägypter.

Spinoza ging aber noch einen Schritt weiter. Er zeigte nicht nur, daß den alten Israeliten bzw. den mosaischen Schriften die Idee der Unsterblichkeit fehlte, sondern auch, daß sie etwas anderes an deren Stelle setzten. Das war der Gedanke, daß der Mensch in seinen Kindern und Kinderskindern weiterlebt. Die Rechnungen, die in diesem Leben nicht aufgehen, erfüllen sich in der Geschichte, in der Folge der Generationen. Damit bewies Spinoza zugleich die These, daß ohne die Grundannahme eines Weiterlebens in irgendeiner Form menschliches Leben nicht gelingen kann und daß die kulturellen Lösungen dieses Problems sehr verschieden sein können. Damit war gleichzeitig und erstmals der diametrale Gegensatz in den Blick getreten, den Ägypten und Israel in dieser Frage einnahmen. Bekanntlich hat ja noch Simone Weil das Alte Ägypten gepriesen für seinen Unsterblichkeitsglauben und Israel kritisiert für den Materialismus seiner Lösung, die Geschichte an die Stelle von Jenseits und Unsterblichkeit zu setzen.[8]

Alle Kulturen lösen dieses Urproblem der menschlichen Existenz auf ihre Weise, und es gibt gewiß keine Kultur, die sich nicht als Lösung dieses Problems verstehen und auf diese Kernfrage hin analysieren ließe. Die jeweiligen Lösungen aber sind grundverschieden. Hier gibt es keine Universalien. So einförmig der Tod sich aus biologischer Perspektive ausnehmen mag, so tausendfältige Formen nimmt seine kulturelle Überformung und Bewältigung an. Vielleicht wird es einmal eine kulturwissenschaftliche Thanatologie geben, die theoreti-

8 Simone Weil, *Selected Essays*, Oxford 1970.

sche Grundlagen und vergleichende Perspektiven entwickelt für die Formen, in denen die Kulturen den Tod bewältigen, indem sie das Wissen um die Begrenztheit des Lebens in übergreifende, sinngebende Zusammenhänge einbinden. Dafür ist es zunächst einmal wichtig, einzelne Kulturen auf diese Fragen hin zu untersuchen. Dabei sollte man in zwei Schritten vorgehen. In einem ersten Schritt sollte man sich auf die kulturspezifische »Geschichte des Todes« konzentrieren, auf Todesbilder und Totenriten, Jenseitsvorstellungen und Unsterblichkeitsbegriffe, Sterbeformen, Trauerriten, Grabdenkmäler, kurz, auf all das, was in einer gegebenen Kultur im engeren Sinne mit Tod, Sterben und Unsterblichkeit zusammenhängt. In einem zweiten Schritt wäre dann zu erforschen, ob und in welchem Sinne dieser Komplex eine Mitte darstellt, auf die hin oder von der ausgehend sich die gesamte Kultur in ihren spezifischen Profilen beschreiben läßt, auch in jenen Aspekten, die auf den ersten Blick nichts oder wenig mit dem Thema Tod zu tun haben.

Hier geht es mir um das Alte Ägypten und um einen Anlauf zum ersten Schritt, nicht mehr. Es soll nicht darum gehen zu zeigen, wie die gesamte Kultur in allen Phasen ihrer Entwicklung aus dem Sterblichkeitsbewußtsein und dem Unsterblichkeitstrieb entspringt und darauf angelegt ist, dem Menschen in dieser Welt einen Halt zu geben, das wäre der zweite Schritt. Vielmehr kann es uns hier nur um Todesbilder und Totenriten im engeren Sinne gehen, also um den ersten Schritt. Und auch hier zwingt der enge Rahmen eines Vortrags zu äußerster Beschränkung. Ich will aber doch vorweg feststellen, daß sich der zweite Schritt leicht anschließen ließe – »had we but world enough and time« – und daß nichts evidenter ist als die Zentriertheit der gesamten ägyptischen Kultur im Thema des Todes. Der Teil II wird sich ein Stück weit in diese Richtung vorwagen.

Die Kultur, das ist die These, die ich mit dem ägyptischen Beispiel erläutern möchte, ist in ihren zentralen und normativen, anspruchsvollen Aspekten und Motiven nichts anderes als die symbolische Realisierung eines umgreifenden Horizonts, ohne den die Menschen nicht leben können. Das gilt auch für Gesellschaften, die, wie etwa die altisraelitische, in allen Punkten so ungefähr das Gegenteil dessen für wahr halten, was den Ägyptern als Wahrheit gilt. Hier gibt es keinen heiligen Raum der Dauer, wie ihn die Ägypter mit den Mitteln steinerner Monumentalität errichten; das Göttliche und der Tod werden in größtmögliche Distanz zueinander gerückt, der Mensch ist Gott nah nur während seines irdischen Daseins, alle Rechnungen der Gerechtigkeit müssen im Diesseits aufgehen, von Unsterblichkeit kann keine Rede sein, und doch wird das einzelne Leben umfaßt von einem gewaltigen Horizont der Erinnerung und Verheißung, die zwar nicht ins Jenseits, dafür aber in die Kette der Generationen ausgreift. Hier ist es die historia sacra, in deren Horizont der Unsterblichkeitstrieb sein Sinnbedürfnis befriedigt – eine Idee, die Ägypten wiederum völlig fremd ist. Damit will ich nur zeigen, was sich mit einer kulturwissenschaftlichen Thanatologie anfangen ließe, wenn es sie einmal gäbe.

Nach dieser Einleitung möchte ich drei Todesbilder und die auf ihnen beruhenden Totenriten einander gegenüberstellen, die sich in Ägypten komplementär ergänzen: der Tod als Feind, der Tod als Heimkehr und der Tod als Geheimnis. Das sind nicht etwa alternative Konzepte des Todes, sondern komplementäre Aspekte ein und derselben Todeskonzeption. Zunächst ein Wort zu diesem Begriffspaar »Todesbilder und Totenriten«. Dahinter steht die These, daß Bilder eine handlungsermöglichende Funktion haben. Bilder und Riten gehören zusammen. Bilder überwinden die lähmende, traumatisierende Wirkung des Todes und machen den Tod in gewisser Weise behandelbar. Ohne solche Figurationen des Todes wäre kein Handeln möglich. Was dieses Behandeln des Todes angeht, unterscheidet man Trauerriten und Totenriten. Die einen konzentrieren sich auf die Hinterbliebenen, die anderen auf den Toten oder die Tote selbst. Beide verlaufen in drei Phasen, die man als Trennung, Umwandlung und Wiederangliederung unterscheidet. In Israel wissen wir sehr viel über Trauerriten und wenig über Totenriten; in Ägypten wissen wir umgekehrt sehr viel über Totenriten und wenig über Trauerriten. Es gibt natürlich immer und überall beides, aber die Gewichte können sehr unterschiedlich verteilt sein. Wie die Todesbilder verschieden sind, unterscheiden sich auch die Handlungen, die sie ermöglichen.

Das Todesbild, das ich als »der Tod als Feind« gekennzeichnet habe, ermöglicht Handeln durch Unterscheiden, Dissoziieren, Differenzieren und Konstellieren. Der Tote wird dissoziiert und rekonstelliert in einem Rollengeviert. Solche Figurationen sind die typische Funktion des Mythos, und so sind es mythische Namen, in denen sich dem Ägypter dieses Rollengeviert darstellt: Osiris, Seth, Isis und Horus. Osiris ist der Tote, Seth der von ihm abgespaltene Tod, der als Mord, Gewalttat und Unrecht erscheint. Im Licht dieses Mythos gibt es keinen natürlichen Tod. »Vielleicht ist jeder Tod eigentlich Mord« – so faßt Thomas Macho diese Anschauung zusammen, in der er »die älteste Erklärung« des Todes erblickt.[9] Jeder Tod verletzt das Recht, die Wahrheit-Gerechtigkeit-Ordnung, die der Ägypter Ma'at nennt. Daher kann man ihn zur Rede stellen, anklagen, vor Gericht bringen. Man kann etwas gegen ihn unternehmen und die gestörte Ordnung wiederherstellen. Weil er nicht natürlich ist, nicht in der Natur der Dinge liegt, muß man ihn nicht hinnehmen, man kann und muß etwas gegen ihn unternehmen. So wird ein Prozeß gegen den Tod angestrengt. In diesem Prozeß ist Seth der Angeklagte, Osiris der Kläger. Nun ist Osiris aber tot und kann daher nicht aus eigener Kraft im Prozeß gegen Seth auftreten. Hier setzt der Mythos ein. Was er erzählt, ist kurzgefaßt folgendes:

Osiris war ein Gott und König von Ägypten. Er wurde von seinem Bruder Seth ermordet. Isis, die Schwester und Gattin des Osiris, fand den Erschlagenen und beweinte ihn zusammen mit Nephthys, ihrer Schwester. Sie suchte die verstreuten Körperteile zusammen und bewahrte den Leichnam vor Verwesung. Sie vermochte ihm sogar soviel Leben einzuflößen, daß sie von ihm posthum einen Sohn und Erben empfangen und zur Welt bringen konnte, Horus. Zusammen mit Horus und anderen Gottheiten wie Anubis, Geb und Nut, Schu und Tefnut und vielen anderen vermag sie dem toten Osiris Bewußtsein und personale Integrität zurückzugeben in solchem Umfang, daß er in der Lage ist, vor Gericht zu erscheinen und seinen Gegner Seth herauszufordern. Davon handelt ein Pyramidentext (PT 477):

Der Himmel ist aufgewühlt,
die Erde bebt.
Horus kommt, Thot erscheint,

9 Macho, *Todesmetaphern*, a. a. O., S. 47.

sie richten Osiris auf, der auf seiner Seite liegt,
und veranlassen, daß er aufstehe an der Spitze der Götterneunheit.

Denk daran, Seth,
Gib in dein Herz
diese Worte, die Geb gegen dich ausgesprochen hat,
und diese Anklage, die die Götter gegen dich erhoben haben
im Fürstenhaus, befindlich in Heliopolis,
weil du den Osiris zu Boden geworfen hast,

als du sagtest, Seth: »Ich habe es nicht getan«,
um dadurch Macht zu gewinnen und dich herauszuwinden,
indem du mächtig bist vor Horus,
als du sagtest, Seth:
»Er ist es, der mich herausgefordert hat«,
als sein [des Osiris] Name »iku-ta« enstand,
als du sagtest, Seth:
»Er ist es, der mir [zu] nahe gekommen ist«,
als jener sein Name »Orion« entstand,
weit an Bein, ausgestreckten Schrittes an der Spitze des oberägyptischen Landes.

Erhebe dich, Osiris,
denn Seth hat sich erhoben.
Er hat die Anklage der Götter gehört,
die für meinen Vater, den Gott, gesprochen wurde.
Dein Arm gehört der Isis, deine Hand gehört der Nephthys,
und du gehst zwischen ihnen.
Dir ist der Himmel gegeben,
Dir ist die Erde gegeben,
Dir ist das Binsen-Gefilde gegeben,
die horischen Stätten und die sethischen Stätten,
die Städte sind dir gegeben, und die Gaue sind dir versammelt.
So spricht Atum. Der dafür plädiert hat, ist Geb.

So wird dem Tod der Prozeß gemacht. Der Tod, Seth, unterliegt, der Tote, Osiris, bekommt Recht und wird als

Herrscher der Unterwelt eingesetzt, sein Sohn Horus erbt seinen Thron auf Erden. Die Ordnung ist wiederhergestellt, die Krise behoben, das Unrecht des Todes wiedergutgemacht, der Tote geheilt. Zwar ersteht der Tote nicht auf, sondern bleibt tot, aber er wird als Toter in die Ordnung des Seins und des Lebens reintegriert, er erhält seine personale Identität zurück und gewinnt einen neuen Status als »Verklärter Geist«, wie es ägyptisch heißt. Der Prozeß dient der Umwandlung des Toten in einen verklärten Geist, des unschuldig Ermordeten, zu einem passiven Opfer gemachten Toten in ein bewußtes, handlungsfähiges Mitglied der Gesellschaft. Ja: der Gesellschaft, denn nach ägyptischer Auffassung gehören die Götter und die verklärten Geister zu dieser Gesellschaft dazu. Die Toten fallen aus ihr heraus, aber sie lassen sich reintegrieren, indem sie durch die Totenriten in den Status eines verklärten Geistes überführt werden.

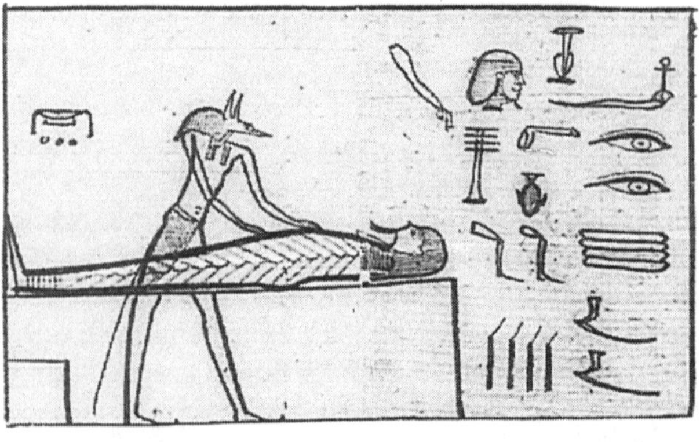

Abb. 1: Anubis setzt aus den gesammelten Körperteilen den zerrissenen Leichnam des Osiris wieder zusammen. Papyrus Jumilhac, 4./3. Jh. v. Chr.

Der rituelle Kontext dieser Umwandlung ist das Ritual der Einbalsamierung und Mumifizierung, das nicht weniger als 70 Tage in Anspruch nimmt. Es stellt das ägyptische Äquivalent dar zu jenen weltweit verbreiteten Riten der »Sekundärbestattung«, durch die der Tote in die »Ewigkeitsgestalt« überführt wird, in der er zuletzt in die Gemeinschaft der Ahnen eingehen kann. Die Formen solcher Umwandlung (Skelettierung, Zergliederung, Mazeration, Mumifizierung, Verbrennung, Exposition usw.) sind von ungeheurer Vielfalt, der Grundgedanke indes scheint immer derselbe. Viele Gesellschaften überlassen diesen Umwandlungsprozeß ganz der Natur; das führt zu den klassischen Formen der Zweitbestattung, in denen der zu seiner Ewigkeitsgestalt herangereifte Leichnam nach gewisser Zeit exhumiert und endgültig beigesetzt wird; andere, und am extremsten die Ägypter, nehmen diesen Umwandlungsprozeß selbst in die Hand und bereiten mit rituellen Mitteln den Leichnam für die Ewigkeit zu. Aber nicht nur den Leichnam. Die Analyse der ägyptischen Totenriten hat gezeigt, daß dieser Umwandlungsprozeß der ganzen Person gilt. Was die Einbalsamierung für den Körper, das tut der geschilderte Prozeß gegen den Tod für die Person des Toten. Der ägyptische Terminus dafür läßt sich als »Rechtfertigung« übersetzen. Der Tote bekommt Recht gegenüber dem Tod, und zwar im Rahmen eines ordentlichen Gerichtsverfahrens, das im Rahmen der Einbalsamierung rituell durchgeführt wird. So wird der Zusatz »gerechtfertigt« hinter dem Namen zur allgemeinen Kennzeichnung des Gestorbenseins, wie früher der Zusatz »selig« im Deutschen oder »feu« im Französischen.

Rechtfertigung bedeutet die Wiederherstellung personaler Identität und Integrität. Eine Person ist nach ägyptischer Vorstellung jedoch eine Konstellation. Der Mythos von Osiris, Isis, Horus und Seth liefert das Modell dieser Konstellation. Der Tod – in der Person des Seth – wird überwunden und ausgeschaltet. Die auseinandergefallene Integrität wird dem Toten wiedergegeben, indem er rituell in die Dreieckskonstellation Osiris–Isis–Horus eingebunden wird. Isis ist das Prinzip, das seinen leblosen, in eine disparate Vielheit von Körperteilen auseinandergefallenen Leib wieder reintegriert und belebt, und Horus ist das Prinzip, das in der Welt der Lebenden seine Stellung hält und seine Rechte wahrnimmt.

Aus diesem Modell der Rechtfertigung entwickelt sich im Laufe weniger Jahrhunderte die Idee vom Totengericht. In mancher Hinsicht bedeutet sie die Umkehrung des ursprünglichen mythischen Modells. Hier tritt der Tote nicht als Kläger, sondern als Angeklagter auf und muß sich vor dem göttlichen Richter rechtfertigen, indem er eine lange Liste möglicher Verfehlungen vorträgt und beteuert, sie nicht begangen zu haben. Dabei wird sein Herz auf eine Waage gelegt und gegen das Symbol der Wahrheit-Gerechtigkeit-Ordnung, eine Feder, abgewogen. Mit jeder Lüge würde die Waagschale mit dem Herzen sinken. Das als lügenhaft erwiesene Herz würde von einem Monstrum verschlungen.

Man macht dort keinen Unterschied zwischen arm und reich, sondern es kommt nur darauf an, daß man ohne Fehl befunden wird.
Waage und Gewicht stehen vor dem Herrn der Ewigkeit, keiner ist davon befreit, Rechenschaft ablegen zu müssen.[10]

Das Totengericht ist die äußerste Spiritualisierung und Ethisierung der mythischen Idee einer Rechtfertigung

10 Petesoris, ed. Lefebvre, *Le tombeau de Petosiris II*, *Les inscriptions*, Kairo 1923, 54, Nr. 81.

Abb. 2: Die Wägung des Herzens beim Totengericht. Links der Verstorbene, von Anubis geleitet, der auch die Waage bedient und dafür sorgt, daß die Waagschale mit dem Herzen oben bleibt. Rechts notiert Thot das Ergebnis. Unter der Waage sitzt die »Fresserin«, die das Herz verschlingt, wenn es als zu schwer befunden wird. Papyrus des Hunerfer, London, Brit. Mus., 13. Jh. v. Chr.

des Toten gegen den Tod. Auch hier wird eine Spaltung durchgeführt und eine Unterscheidung getroffen. Die Figur des Seth wird hier aufgespalten in die Schuld des Toten einerseits und in das herzfressende Monstrum andererseits. Die Schuld des Toten ist es, die seiner Umwandlung in die Ewigkeitsgestalt des Verklärten Geistes entgegensteht. Das ist die ägyptische Form des paulinischen Gedankens »der Tod ist der Sünde Sold«. Die Schuld steht als eine pauschale Anklage im Raum, gegen die sich der Tote zu rechtfertigen hat. Anders als im heu-

Abb. 3: Herzwägeszene aus dem Totenbuchpapyrus des Ani, Ausschnitt. Auf der Seite des Herzens stehen die Personifikationen des Schicksals, der Veranlagung und der Erfüllung als individuelle Faktoren und mildernde Umstände.
London, Brit. Mus., 13. Jh. v. Chr.

tigen Rechtsdenken liegt die Beweislast bei ihm. Er muß seine Unschuld beweisen. Jetzt kommt es darauf an, ob er entsprechend der Gerechtigkeit gelebt und sich schon während seines Erdendaseins den Normen des Jenseits assimiliert hat. Aber hier stehen ihm die Götter bei. Anubis sorgt dafür, daß die Waage im Lot bleibt, Thot registriert ein günstiges Ergebnis, und Horus selbst plädiert für den Toten. Gegen das Böse allerdings sind die Götter machtlos. Der Tote könnte dann nicht gerechtfertigt in die Seinsform eines Verklärten Geistes überführt werden, sondern müßte aus der Welt verschwinden. Das ist der zweite Tod. Die Idee des zweiten Todes gehört zur Vorstellung der Sekundärbestattung. Er bezeichnet das Scheitern der Umwandlung. Die Ewigkeitsgestalt wurde nicht erreicht. Die Zweitbestattung hat eigentlich den Sinn einer Wiedergeburt, einer Rückführung ins Dasein, nicht der Lebenden, sondern der verklärten Geister, der Ahnen. In Ägypten können wir nicht von Zweitbestattung reden, weil die Erstbestattung hier durch die lange Einbalsamierung ersetzt wird. Hier spielen Sarglegung und Beisetzung die Rolle der sekundären, d. h. endgültigen Bestattung als einer Geburt in die Ewigkeit. Dieser letzte Akt des Geschehens wird als Heimkehr ausgedeutet, und zwar im radikalsten Sinne, als Heimkehr in den Mutterschoß.

Wenn irgendwo, dann gilt in Ägypten: *saxa loquuntur*, die Steine sprechen. Sie sprechen, weil sie beschriftet sind, die Wände der Gräber, die Sockel der Statuen, die Altäre und Opfertafeln, die Stelen ohnehin, denn sie sind reine Schriftträger, die »Scheintüren«, die die Opferstelle bezeichnen, und auch die Särge und Sarkophage. In den Särgen spricht eine Gottheit als Sarg und als Mutter zum Toten. Sie begrüßt ihn als ihren Sohn, den sie für immer in ihren Leib aufnimmt. So lesen wir in den ältesten Sarginschriften auf den Särgen der Könige des Alten Reichs: »König Teti ist mein ältester Sohn, der meinen Leib geöffnet hat, mein Geliebter, an dem ich Wohlgefallen habe.« Solche Reden der Mutter an ihren Sohn gibt es zu Tausenden, sie bilden den kanonischen Kern der Sargbeschriftung. Später werden sie immer ausführlicher. So lesen wir z. B. tausend Jahre später auf dem Sargdeckel des Königs Merenptah (13. Jh. v. Chr.):

Ich bin deine Mutter, die deine Schönheit säugt,
ich werde schwanger mit dir am Morgen
und gebäre dich am Abend als Sonnengott [man beachte die Inversion!].

Du trittst in mich ein, ich umfange dein Bild,
dein Sarg bin ich, deine geheime Gestalt zu verbergen
[usw., die Inschrift geht endlos so weiter][11]

Und wiederum tausend Jahre später heißt es:

Mein geliebter Sohn, Osiris N,
komm und ruhe in mir!
Ich bin deine Mutter, die dich schützt Tag für Tag.
Ich beschütze deinen Leib vor allem Übel,
ich behüte deinen Leib vor allem Übel.
Ich mache dein Fleisch vollkommen heil.[12]

Und ein letztes Beispiel:

Ich lege dich in mich hinein, ich gebäre dich zum zweitenmal,
so daß du aus- und eingehst unter den Unvergänglichen Sternen
und erhoben, lebendig und verjüngt bist wie der Sonnengott
Tag für Tag.
... Ich umfange dich in meinem Namen »Sarg«,
ich gebe dir den süßen Hauch des Nordwinds,
... deine Existenz währt in Ewigkeit, Osiris N![13]

In einem Text sagt die Muttergottheit auch einmal zum Toten:

deine [irdische] Mutter hat dich 10 Monate getragen,
sie hat dich 3 Jahre genährt.
Ich trage dich eine unbestimmte Zeit,
ich werde dich nie gebären.[14]

11 Verf., in: *Mitteilungen des Deutschen Archäologischen Instituts* 28 (1972).

12 Sarg Kairo CG 29305, vgl. G. Maspero, *Les sarcophages de l'époque persane et ptolemaique*, Catalogue Général des antiquités égyptiennes du Musée du Caire, Kairo 1914, I, S. 217.

13 Sargbrett, ed. C. Richard Lepisus, *Denkmäler aus Aegypten und Aethiopien*, Dritte Abt., Berlin o. J., Nachdr. Genf 1972, III 271d.

14 Papyrus Louvre 3148, XI, 9-11. ed. S. Schott, »Nut spricht als Mutter und Sarg«, in: *Revue d'Egyptologie* 17, S. 81-87.

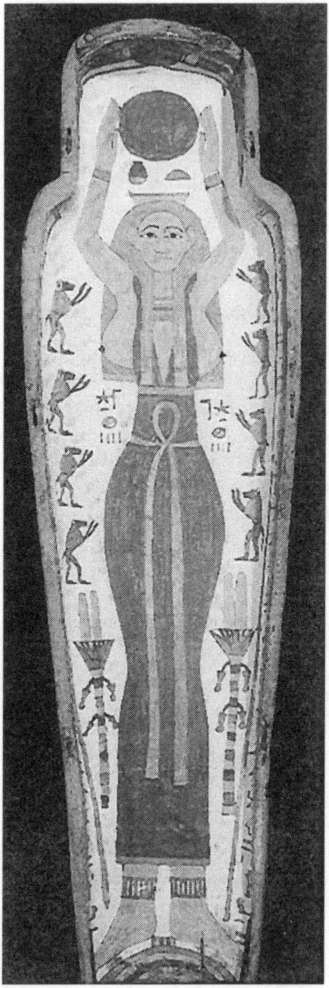

Abb. 4: Die Himmelsgöttin Nut als Sarg und Mutter des Toten.
Bild auf der Innenseite des Sarges der Hetep-Amun.
Heidelberg, Sammlung des Ägyptologischen Instituts, 7. Jh. v. Chr.

Das scheint im Widerspruch zu stehen zur Verheißung der Wiedergeburt, als Sonne, als Stern, wie sie dem Toten in anderen derartigen Reden zugesprochen wird. Es soll aber nur die Idee ewiger Geborgenheit unterstreichen. Die Mutter, die hier spricht, ist nicht nur der Sarg, sondern zugleich die Himmelsgöttin. Wiedergeburt, Verjüngung und Erneuerung finden im Sarg und im Himmel statt, dieser Mutterleib ist die Welt. In den Särgen der Spätzeit wird oft ein Bild dieser Muttergottheit innen auf den Deckel gemalt, zuweilen sogar nackt, wie sie sich über den Toten breitet, um ihn in ihre Arme zu schließen und in sich aufzunehmen.[15] In einem späten Totenpapyrus steht als Beischrift zu diesem Bild:

Die Schrift des Nut-Bildes im Sarginneren:
Willkommen in Frieden in deinem Sarg,
dem Sitz deines Herzens [Herzenswunsch] in Ewigkeit!
Meine Arme sind ausgebreitet, deinen Gottesleib zu umfangen,
ich will deinen Leib schützen, deine Mumie behüten,
deine Seele beleben in Ewigkeit.[16]

Hymnen preisen sie:

O Mutter! O Große!
O Frohgemute, aus der ich hervorgegangen bin!
O gute Amme, die nicht ermüdet,
o gute Nährerin, zu der man eintreten muß,
o du, zu der jedermann eingeht Tag für Tag.
O große Mutter, deren Kinder nicht entbunden werden,
O große Göttin im Innern der Unterwelt,
Geheime, Geheime, die niemand kennt,
o große Göttin, deren Mumienbinden nicht gelöst werden[17],

15 Zur Himmelsgöttin als Große Mutter s. auch A. Weiß, *Die Madonna Platytera*, Königstein i. T. 1985.

16 Papyrus Rhind XI.5.

17 *štꜣ.t štꜣ.t jwtj rḫ sj jj nṯr.t wr.t nn sfḫ.tw qrjs = s.*

Abb. 5: Die nackte Himmelsgöttin auf der Innenseite eines Sarges.
Paris, Louvre. Spätzeit.

o Löserin der Fesseln, o Verbergende,
zu der der Weg nicht gewiesen werden kann.[18]

Im Sarg offenbart sich dem gerechtfertigten Toten die große Mutter, die Himmelsgöttin, die ihn zu ewiger Regeneration in sich aufnimmt. Aber nicht nur im Sarg, sie tritt dem Toten in vielen Gestalten entgegen. Sie ist das Grab, die Nekropole, der Westen, das Totenreich; alle aufnehmenden Räume, vom engsten zum weitesten, sind Erscheinungsformen des Mutterschoßes, in den der verklärte Tote eingeht. In all ihren aufnehmenden und empfangenden Formen verheißt sie dem Toten Geborgenheit, ewige Erneuerung, Luft, Wasser und Nahrung. Als Amme und Nährerin nimmt sie die Erscheinungsform einer Sykomore an, des Lebensbaumes, der dem Toten ewige Nahrung spendet.

In Gräbern des Neuen Reichs findet sich öfter eine Szene, in der die Westgöttin den Toten als ihren Sohn umarmt und willkommen heißt. Im Grab des Wesirs Paser jedoch wird der Grabherr in derselben Szene von seiner eigenen Mutter umarmt.[19] Die Beischrift stellt ihre Identität eindeutig klar. Paser aber redet seine Mutter als Erscheinungsform der Westgöttin an:

Freue dich, du große Stadt,
du Totengebiet, aus dem ich hervorgegangen bin!
Siehe, ich bin gekommen, um bei dir zu ruhen.

Die Mutter antwortet ihrem Sohn mit den Worten

Wie schön ist das! Mein Herz ist voll Freude,
meine Sehnsucht hat sich erfüllt.

18 Papyrus Louvre 3148, III, 4-6.
19 Vgl. einstweilen Verf., *Revue d'Egyptologie* 30 (1978), S. 38. Das Grab wird vom ägyptologischen Institut der Universität Heidelberg publiziert.

Abb. 6: Nut-Bild auf der Inneneite des Sargdeckels des Soter, frühes 2. Jh. n. Chr. Die Himmelsgöttin ist umgeben von den Tierkreiszeichen. London, BM 6705, nach A. J. Spencer, *Death in Ancient Egypt,* Harmondsworth 1982, fig. 30.

Abb. 7: Nut als Baumgöttin speist und tränkt den Toten
und seine Frau. Grab des Sennefer.
Theben Nr. 1, 13. Jh. v. Chr.

Die Ausdeutung von Sarg, Grab und Totenstadt in Richtung auf die Muttergöttin Nut ist also auch in Richtung auf die leibliche Mutter hin transparent. Auch die eigene Mutter ist eine Erscheinungsform dieses ewig Mütterlichen, das den Toten in Gestalt des Sarges, Grabes und Westens aufnehmen soll.

Die Himmels- und Toten-, Sarg- und Baumgöttin Nut ist die ägyptische Erscheinungsform der Großen Mutter, die vielleicht nirgends sonst so vielgestaltig auftritt und vielleicht nirgends sonst so eindeutig wie hier eine Figuration des Todes darstellt.

Das ist ein ganz anderer Aspekt des Todes als der, den Seth verkörpert, der Tod als Mörder, der die Ordnungen der Natur zerstört. Dieser Aspekt des Todes gehört aufs Tiefste und Unablösbarste zu den Ordnungen der Natur. Das ist der Tod, den der Erzengel Michael in Miltons *Paradise Lost* dem Adam als sein Schicksal verkündet:

So mayst thou live, till, like ripe fruit thou drop
Into thy mother's lap, or be with ease
Gathered, not harshly plucked, for death mature [...][20]

und wie Adam sich den Tod ersehnt:

How gladly would I meet
Mortality, my sentence, and be earth
Insensible! How glad would lay me down
As in my mother's lap! There I should rest
And sleep secure [...][21]

Der Tod als Heimkehr in den Mutterschoß ist eine ebenso zentrale, ebenso in alle Bereiche der ägyptischen Kultur ausstrahlende Idee wie die Idee des Totengerichts, die in den Kontext des anderen Todesbildes vom Tod als Feind gehört. Noch erstaunlicher als im Fall der Idee des Totengerichts, die ja eine erhebliche Entwicklung aufweist, ist hier die ikonische Konstanz. Der Tod als Heimkehr in den Mutterschoß findet sprachlichen Ausdruck schon in Sarginschriften des 24. und 23. Jh. v. Chr., ist aber vermutlich noch viel älter, denn es spricht alles dafür, daß die charakteristische Hockerstellung prähistorischer Bestattungen in Ägypten und vermutlich auch

20 Milton, *Paradise Lost*, XI, 535.
21 Ebd., 775-780.

anderswo die Stellung des Embryos im Mutterleib nachahmen soll. Hier drängt sich der Begriff des Archetyps auf, und in der Tat ist dieses ägyptische Todesbild der Aufmerksamkeit C. G. Jungs nicht entgangen. Schon 1912 hat er zu zeigen versucht, daß sich hinter dem von Freud postulierten ödipalen »Inzestwunsch« nach Vereinigung mit der Mutter in Wahrheit der Wunsch nach Unsterblichkeit verbirgt.[22] Das ist ebenjener Unsterblichkeitstrieb, den ich als eine Art Kultur- und Sinngenerator verstehen möchte, als das notwendige Komplement des menschlichen Wissens um die Sterblichkeit, mit dem allein der Mensch es auf dieser Erde nicht aushalten könnte.

Die beiden Todesbilder, der Tod als Feind und der Tod als Heimkehr in den Mutterschoß, stehen für unser Denken zueinander in größtmöglichem Gegensatz. Beim einen geht es um eine Bestätigung und Verewigung von Identität, Individualität und Personalität, beim anderen um die Auflösung dieser Kategorien. Im einen Falle geht der Mensch als soziales und moralisches Individuum in die Unsterblichkeit ein, mit allen seinen im Leben erworbenen Titeln und Würden und nach Maßgabe seiner zu Lebzeiten praktizierten Tugenden;

22 C. G. Jung, *Wandlungen und Symbole der Libido* [1912], S. 216, 341, 349, 192f.; Ders., *Symbole der Wandlung*, Zürich [4]1952, S. 346ff., 378ff.; s. a. H. Frankfort, »The Archetype in Analytical Psychology and the History of Religion«, in: *Three Lectures, Journal of the Warburg and Courtauld Institutes* 21 (1958), S. 166ff., spez. S. 174f. Zur Ausdeutung der Beisetzung als *regressus at uterum* s. Verf., »Tod und Initiation im altägyptischen Totenglauben«, in: H. P. Duerr (Hg.), *Sehnsucht nach dem Ursprung. Für Mircea Eliade*, Frankfurt/M. 1983, S. 336-359, bes. S. 340f. »Sarglegung als regressus ad uterum«; Verf., »Muttergottheit«, *Lexikon der Ägyptologie* IV, 1982, S. 266-271; E. Hermsen, »Regressus ad uterum: Die embryonale Jenseitssymbolik Altägyptens und die prä- und perinatale Psychologie«, in: *Int. J. Prenatal and Perinatal Psychology and Medicine* 5 (1993), S. 361-382.

Abb. 8: Der Tote wird von der »Westgöttin« zur Begrüßung umarmt und von der Baumgöttin getränkt. Beides sind Manifestationen der Muttergottheit. Theben, Grab Nr. 41, um 1300 v. Chr.

im anderen Falle verschwindet der Mensch als Individuum im alles bergenden und gleichmachenden Schoß der Großen Mutter, und seine zu Lebzeiten entwickelte Persönlichkeit nimmt sich wieder zurück in die ursprüngliche, entindividuierte, symbiotische Form seiner embryonalen Präexistenz.

Trotzdem stehen sich nun aber diese beiden Todesbilder, der Tod als Feind und der Tod als Heimkehr, wie schon gesagt, nicht im Sinne alternativer Lösungen gegenüber, sondern gehören zusammen und entfalten erst in ihrer komplementären Verbindung ihre ganze kulturfundierende Bedeutung. Sie verteilen sich nicht auf verschiedene Epochen der ägyptischen Religionsgeschichte oder auf verschiedene Schichten der ägyptischen Gesellschaft oder auch nur auf verschiedene rituelle Kontexte. Sie gehören in ein und denselben Kontext, setzen einander voraus und ergänzen und beleuchten sich gegenseitig. Das eine Bild steht im Zeichen des Gottes Osiris, und die Rechtfertigung des Toten gegenüber dem Feind, dem Tod, stellt eine Nachfolge des Osiris, eine *imitatio Osiridis* dar. Das andere Bild steht im Zeichen des Sonnengottes. Die Vereinigung des Toten mit der Mutter ist eine *imitatio Solis*, und zwar des Sonnenuntergangs. Die Sonnenhymnen beschreiben den Sonnenuntergang in genau denselben Bildern und Wendungen wie die Totentexte die Sarglegung des Toten. So heißt es z. B. in Sonnenhymnen:

Hinabgestiegen in den Leib
seiner Mutter Nut.[23]

23 *Liturgische Lieder an den Sonnengott, Münchner Ägyptologische Studien* 19, Berlin 1969, Text II 3, S. 229, 236f.

Du gehst unter als Atum.
Du umarmst deine Mutter, deine Mutter umarmt dich.[24]

Msqt nimmt dich auf, deine Mutter umarmt dich,
das westliche Lichtland tut sich dir auf,
seine Arme breiten sich aus, dich zu empfangen.[25]

Ein Hymnus an die Westgöttin nennt sie

Das rechte Auge des Re, in dem er sich niederläßt,
die ihre Arme ausstreckt, ihn zu empfangen.
Die Atum wieder zum Kind macht in seinem Greisenalter
in ewiger Verjüngung.[26]

Im »Höhlenbuch«, einer Beschreibung der Unterwelt, sagt der Sonnengott immer wieder:

Ich trete ein in die Erde, aus der ich hervorgegangen bin,
ich lasse mich nieder auf meiner ersten Geburt.[27]

Das Geheimnis der solaren Unsterblichkeit ist die Kreisbahn, die den Sonnengott im Verlauf eines jeden Tag-Nacht-Zyklus die Pole von Geburt und Tod durchlaufen läßt. Die Muttergottheit Nut gebiert ihn am Morgen und empfängt ihn am Abend.

Der des Nachts in Schwangerschaft getragen und am Morgen geboren wird,
beim Hellwerden ist er an seiner Stelle von gestern.
Der zum Munde eingeht und aus den Schenkeln herauskommt,
... aufgehend, ohne zu ermüden,
daß er die Länder und Inseln bestrahle,
Läufer, der umläuft in Ewigkeit,
der nicht aufhört zu strahlen Tag für Tag.[28]

24 *Ägyptische Hymnen und Gebete*, Zürich 1975 (Neuausgabe: Fribourg 1999; im folgenden: *ÄHG*), Nr. 23, S. 15f.
25 *ÄHG*, Nr. 130, S. 70-72.
26 *ÄHG*, Nr. 225, S. 5-8.
27 Siehe *Liturgische Lieder*, 98 (12).
28 *ÄHG*, Nr. 129.

Im Sonnenmythos schwängert der Sonnengott seine eigene Mutter, die Himmelsgöttin, indem er des Abends in ihren Mund eingeht und am Morgen aus ihrem Schoß heraustritt, ein ewig kreisläufiger Prozeß vaterloser Reproduktion. Diese Ausdeutung des scheinbaren Kreislaufs der Sonne um die Erde verleiht der ägyptischen Unsterblichkeitshoffnung eine natürliche Evidenz. Die Sonne lebt vor, was jeder nachleben möchte: Die Lebenslinie zum Kreis formen, zum Ursprung zurückkehren, den Tod überwinden, indem er als Empfängnis vollzogen und mit der Geburt zur Deckung gebracht wird.

Daher ist der ideale Ort des Grabes der Geburtsort. Im demotischen Mythos vom Sonnenauge, das in der Fremde war, heißt es: »Es geschieht, daß er [der Schöpfergott] das Herz der Götter und Menschen auf ihren Ruheplatz [das Grab] gelenkt hat, den Ort, wo sie geboren sind, und wo sie auch zur Ruhe gehen.«[29] Dieser Gedanke wird dann auch poetisch ausgeführt:

Du fällst auf deine Tenne,
du findest deine Sykomore –
so spricht das Schicksal zu seinem Liebling.
Du stirbst in deinem Dorf, in dem du geboren bist.
Du findest dein Begräbnis, du wirst bestattet und gehst zur Ruhe
in deinem Sarge, welcher deine Sykomore ist.[30]

29 Papyrus Leiden I 384, 5, 14-21: F. de Cenival, *Le mythe de l'œuil du soleil. Translittération et traduction avec commentaire philologique*, Demotische Studien 9, Sommerhausen 1988, S. 12f.; E. Brunner-Traut, *Altägyptische Märchen*, Düsseldorf [8]1989, S. 155ff. Nr. 17, S. 314f. Demotische Paralleltexte: M. Smith, »Sonnenauge«, in: *Lexikon der Ägyptologie*, Bd. V, Wiesbaden 1984, S. 1982-1987.

30 Ebd. Vgl. auch *Stundenwachen*, ed. H. Junker, *Die Stundenwachen in den Osirismysterien nach den Inschriften von Dendara, Edfu und Philae*, Denkschr. Österr. Ak. d. Wiss. 54, Wien 1910, S. 87: Spruch zur Libation in der 3. Nachtstunde:

Hier erfüllt sich die Unsterblichkeitssehnsucht als *imitatio Solis* in der zyklischen Zeit unendlicher Erneuerung. Dem steht nun das andere Todesbild der Rechtfertigung gegenüber. In der Sonnen-Nachfolge will der Tote sein eigener Vater werden und sich im Schoß der Muttergöttin ewig selbst hervorbringen. In der Osiris-Nachfolge dagegen will der Verstorbene in die Gestalt des »toten Vaters« eingehen, dessen Sohn im Diesseits seine Stellung hält und sein Gedächtnis bewahrt. Er will den Tod überwinden, indem er ihn zur Rechenschaft zieht und seine Verurteilung vor dem Jenseitsgericht erwirkt bzw. später dann selbst vor dem Totengericht Rechenschaft ablegt und von seiner eigenen Schuld freigesprochen und gerechtfertigt ins Jenseits eingeht. Osiris steht für das väterliche Prinzip, die Normen der Kultur, die linerare Zeit menschlichen Handelns und Leidens. Das Sonnenschicksal dagegen steht für das mütterliche Prinzip, die ewig kreisläufige Regeneration der Natur, die zyklische, reversible Zeit des kosmischen Lebens. Das Großartige aber an diesen Figurationen des Todes ist ihre duale Einheit, ihre komplementäre Verbindung, die *complexio oppositorum*.

Nun ist indes das Leben von Natur aus keine Kreisbahn und hat mit dem Sonnenlauf wenig Ähnlichkeit. Der Mensch muß alle Kräfte daran setzen und viel dafür tun, um eine Ähnlichkeit mit dem Zyklischen zu errei-

»Es geschah, daß der Gott zu seinen beiden Ländern eilte,
zum Urort, an dem er geboren wurde [oder: um darin geboren zu werden]
an dem er entstand aus Re.
D. h. jeder Gott, wenn ihr Alter eintritt ...
dann gehen sie zu den Ländern, in denen sie geboren wurden,
dem Urland in dem sie aus Re entstanden sind,
wo sie lebten, klein waren
und zu Jünglingen wurden.«

chen. Auch die mütterliche Idee der Heimkehr zum Ursprung hat eine normative, ideale Komponente, und dies ist der Punkt, an dem die beiden Todesbilder sich decken. Denn es ist der Gerechte, der Mensch, der nach den Normen der Ma'at lebt, der das Totengericht besteht und der sein Leben zur Kreisbahn formt. Die Heimkehr zum Ursprung und die Vereinigung mit dem Mutterschoß des Grabes ist ein höchstes Ziel, das nur dem Gerechten zuteil wird. Wem solches gelingt, den preist man selig.

Dann landet man als Gelobter in Theben,
dem Gau der Wahrheit, dem Boden des Schweigens.
Die Unrecht tun treten nicht ein zu ihr,
der Stätte der Wahrheit;
die Fähre, die die Gerechten übersetzt,
ihr Fährmann setzt die Frevler nicht über.
Wohl dem, der in ihr landet!
Er wird ein göttlicher Ba wie die Neunheit.[31]

Gut ist es, auf dem Wege Gottes zu wandeln!
... Wer seinen Weg in sein Herz gibt, gedeiht auf ihm, ...
er wird alt in seiner Stadt als Ehrwürdiger seines Gaus.
... er gelangt zur Nekropole in Herzenswonne,
in schöner Einbalsamierung in der Arbeit des Anubis.
Die Kinder seiner Kinder preisen ihn ....:
Das ist ein Gefolgsmann des Osiris,
kein Tadel eines Gottes ist an ihm![32]

Das ist der Tod als Erfüllung, als *summum bonum*, höchstes Ziel alles Sehnens und Strebens. In Hymnen an

31 Papyrus Leiden I 350,vi,9-10 = ÄHG, Nr. 142; Verf., *Ägypten – Theologie und Frömmigkeit einer frühen Hochkultur*, Stuttgart 1984, S. 29 (7).

32 Petosiris, ed. Lefebvre, *Le tombeau de Petosiris II*, *Les textes*, Kairo 1923, 83, Nr. 116; Verf., *Theologie und Frömmigkeit*, a. a. O., S. 29f. (8).

die große Mutter kommen diese beiden Ideen der Vereinigung und der Rechtfertigung zusammen:

Sei gegrüßt! Dir gehören die Gerechten,
die Unrecht tun, erreichen dich nicht.
Ich weiß, daß du die Stätte der Ewigkeit bist,
zu dir gelangt man, indem man dauert.
...
Wer ist hier, der nicht in dir sein wird,
wer ist hier, der nicht dir gehört?
...

Und:

Sei gegrüßt, Große,
...
die ihren Vater Re in Frieden empfängt,
die Mutter der Götter, die in ihr zur Ruhe gehen.

Herrin der Seienden, der die gehören, die noch nicht sind;
sie liebt das Eintreten und verabscheut das Herauskommen.
Das Land sehnt sich danach, dort zu sein.

Mögest du mich umfangen in Gemeinschaft der Gelobten,
mögest du mich bergen in dir für immer.

Ich komme zu dir mit Ma'at,
ich tat kein Unrecht auf Erden.
Ich habe getan, was den König beglückt und worüber die Götter zufrieden sind.

»Wer ist hier, der nicht in dir sein wird?« – Alle Lebenden sind dem Tode anheimgegeben. Niemand kann diesem Schicksal entrinnen. Und doch wird es nur dem Gerechten zuteil Alle müssen wir sterben. Aber nur für die Gerechten bedeutet dieser Tod eine Heimkehr zum Ursprung. Vor die Rückkehr in den Mutterschoß ist der Filter des Totengerichts gesetzt. In diesen Schoß gehen auch die Götter ein, voran der Sonnengott Re. Der Eintritt in die Mutter bedeutet nicht Fortdauer, sondern Unsterblichkeit. Der Tote teilt jetzt das Leben der Götter, das in einem unaufhörlichen Kreislauf durch die Schwellen Geburt und Tod besteht.

Der Ägypter fühlt sich beiden Prinzipien gleichermaßen verbunden und verpflichtet, dem Normativen, Moralischen, Väterlichen und dem Kosmischen, Regenerativen, Mütterlichen, das man auch in gewisser Weise, die ich jetzt erläutern möchte, das Mystische nennen kann.

Mit dem Begriff des Mystischen verbinden sich zwei Aspekte: Vereinigung und Geheimnis. Damit komme ich zum dritten und letzten Todesbild in Ägypten: dem Tod als Geheimnis. Zunächst aber zum Aspekt der Vereinigung. Das Schlüsselwort ist *ẖnm*, zu deutsch etwa »in sich aufnehmen«. Die Mutter nimmt den Toten in sich auf, er geht als Sohn in sie ein. In einem ganz anderen Sinn vereint sich der Tote auch mit Osiris, weil er ja den Gottesnamen wie einen Titel annimmt. Die Texte würden hier indes nie von »Vereinigung« sprechen und nie das Wort *ẖnm* verwenden. Der Tote geht nicht in Osiris ein, und Osiris nimmt ihn nicht in sich auf. Osiris ist der Name der Rolle, die er spielt, wenn er stirbt und durch den Vollzug der Riten in einen verklärten Geist verwandelt wird. Sein Werden zu Osiris hat den Charakter der Nachfolge, einer *imitatio Osiridis*, nicht einer *unio*. Er wird zu Osiris, um als solcher in den Mutterschoß der Himmelsgöttin Nut einzugehen. Denn im Mythos ist Nut die Mutter des Osiris.

Diese Konstellation nun: Osiris im Schoß der Muttergottheit, das ist in Ägypten der Inbegriff des Geheimnisvollen, Erhabenen und Entzogenen. Jedem Leser von

Herodots *Historien* springt die eigentümliche Sorgfalt ins Auge, mit der dieser Autor den Namen des Osiris verschweigt. Keinen anderen Götternamen und keine andere Religion belegt er mit einem vergleichbaren Tabu, nur Osiris und nur die ägyptische Religion. Daraus erwuchs in der griechisch-römischen Antike die Vorstellung von Ägypten als der Heimat alles Geheimnisvollen und insbesondere der Mysterienreligionen, die so intensiv auf das Abendland, bis hin zu Mozarts *Zauberflöte*, eingewirkt hat. Dieses Ägyptenbild wurzelt in der ägyptischen Vorstellung des Leichnams als des schlechthinnigen Geheimnisses und des Inbegriffs alles Entzogenen, Unzugänglichen und Unentschleierbaren. Osiris aber ist in erster Linie ein Leichnam. In der Spätzeit, als Herodot Ägypten bereiste, hatte jeder ägyptische Tempel ein Osirisgrab, das als absolut unzugänglich galt. Der griechische Ausdruck dafür war »Abaton«, das Unbetretbare. Nicht einmal Vögel, hieß es, lassen sich darauf nieder. Das Osirisgrab war das größte Tabu in Ägypten. So kam Herodot zu der Vorstellung, man dürfe nicht einmal den Namen dieses Gottes aussprechen.

Nun muß man wissen, daß in Ägypten das Geheimnisvolle und das Heilige aufs engste zusammengehörten. Zwei Götter galten im spätzeitlichen Ägypten als die größten, geheimnisvollsten und heiligsten Götter: der Sonnengott und Osiris. Das Geheimnis des einen bestand in seiner überwältigenden, unnahbaren Sichtbarkeit, das des anderen in seiner absoluten Verborgenheit und Unsichtbarkeit. In der Spätzeit aber verschmolzen diese beiden Götter zur Nacht- und Tagesgestalt ein und desselben Gottes, als dessen Leichnam Osiris und dessen »Ba« die Sonne galt. Der Leichnam des Gottes jedoch wird in den Texten regelmäßig als »sein Geheimnis« bezeichnet. Osiris ist das Geheimnis, d. h. der Leichnam der Sonne, die Gestalt, die sie im Mutterschoß der Himmelsgöttin annimmt.

Der Mutterschoß der Himmelsgöttin verheißt nicht nur Regeneration, sondern auch Verhüllung, Verborgenheit und Geborgenheit. Sie ist es, die, wie es ägyptisch heißt, »den Ermatteten verhüllt«. Der Ermattete ist Osiris und in ihm jeder Tote. »Zweimal Geheimnisvolle, deren Mumienbinden nicht gelöst werden.« Man denkt an das verschleierte Bild zu Sais. Die große Mutter ist verschleiert und geheimnisvoll, weil sie der Inbegriff alles Verschleiernden, Entziehenden und Verbergenden ist. »Und was im Tod uns entfernt / Ist nicht entschleiert«, heißt es in Rilkes *Sonetten an Orpheus*.

Vom verschleierten Bild zu Sais erzählt Plutarch im neunten Kapitel seines Traktats *De Iside et Osiride*. In Sais, schreibt er, »trägt das Sitzbild (tò hédos) der Athena, die sie auch für Isis halten, die folgende Inschrift: ›Ich bin alles, was da war, ist und sein wird; und kein Sterblicher hat je mein Gewand (tòn emòn péplon) aufgedeckt‹.«[33] Die Göttin von Sais mit Namen Neith wurde allgemein mit Athena gleichgesetzt. Ihr gemeinsamer Nenner bestand in ihrer Beziehung zur Webkunst. Der Athena wurde alljährlich ein Peplos, ein aus einem ungenähten Rechtecktuch bestehendes, ärmello-

33 egw eimi pan to gegonos kai on kai esomenon – Plutarch, *De Iside et Osiride*, Kapitel 9 (354C) 9-10 = J. Gw. Griffiths, *Plutarch's De Iside et Osiride*, Swansea 1970, S. 130f., 283f. Jean Hani, *La religion égyptienne dans la pensée de Plutarque*, Paris 1976, S. 244f.; Christine Harrauer, »›Ich bin, was da ist...‹. Die Göttin von Sais und ihre Deutung von Plutarch bis in die Goethezeit«, in: *Sphairos. Wiener Studien. Zeitschrift für Klassische Philologie und Patristik* 107/108 (1994/95), S. 337-355, spez. S. 337-339.

ses Frauengewand, dargebracht. Zum Tempel der Neith gehörten Werkstätten, in denen Mumienbinden gewebt wurden. Daher war sie die Göttin der Mumienverhüllung. »Deren Mumienbinden nicht gelöst werden«, daraus wird bei Plutarch: »Kein Sterblicher hat meinen Peplos aufgedeckt.« Proklos überliefert dieselbe Inschrift. Bei ihm setzt sie sich jedoch noch fort in dem Satz: »Die Frucht meines Leibes ist die Sonne.« Damit ist klar, daß hier die Himmelsgöttin als Toten- und Sonnenmutter gemeint ist. Sie ist in der Tat alles, was da war, ist und sein wird. Sie ist es, die alles Lebendige gebiert und wieder in sich aufnimmt. Sie ist es, die Osiris verhüllt und als Sonne gebiert. Sie ist das allumfassende Geheimnis.

Das heiligste Weltgeheimnis ist der Tod. Das ist der Sinn dieses dritten Todesbildes, der Tod als Geheimnis. Der Tod ist der Inbegriff des Heiligen, die Urform des Göttlichen. Er ist Ursprung und Ziel alles Lebendigen, Alpha et Omega, *ultimate reality.* Der Tod ist das Umfassende, in dessen Umarmung sich alles Lebendige auflöst, um als neues Leben aus ihm wieder hervorzugehen. Ein stärkerer Gegensatz zum biblischen Gottesbild des »lebendigen Gottes«, *elohim chayim*, läßt sich nicht denken. In der Bibel wie auch im Judentum sind das Heilige und der Tod in denkbar größten Abstand voneinander gerückt. Nichts ist dem Heiligen ferner als der Tod, nichts verunreinigt und entheiligt stärker als der Leichnam. Die alttestamentliche Religion kann mit dem Tod nichts anfangen. Dem steht die altägyptische Religion als diametraler Gegensatz gegenüber. Hier ist der Leichnam Inbegriff und Urbild des Heiligen. Beide Religionen sind in der eingangs geschilderten Weise auf den Tod bezogen, indem sie das Ungleichgewicht des menschlichen Bewußtseins, das mit dem Wissen seines Sterbenmüssens geschlagen ist, austarieren; die eine, indem sie Gott als den schlechthin Lebendigen dem Tod entzieht und dem Menschen eine Gottesnähe zu Lebzeiten vermittelt, die andere, indem sie umgekehrt den Tod in Gestalt der Muttergottheit als die höchste Form des Heiligen ansieht und dem Menschen Gottesnähe nach dem Tode verheißt.

II

Gerechtigkeit, Gedächtnis und Geschichte

1. Tod und Gerechtigkeit

Im ersten Teil habe ich die These aufgestellt, daß alle Kultur ihr Zentrum im Problem der Sterblichkeit hat und (zumindest im innersten Kern) den Versuch darstellt, dem Menschen in seinem Ungleichgewicht zwischen Sterblichkeit und Unsterblichkeit einen Halt zu geben. Das ist eine These, die sich dem Ägyptologen aufdrängt. Denn in Ägypten lassen sich ungefähr alle zentralen und prägnanten Werte, Leitideen und Tätigkeitsfelder des kulturellen Lebens auf den Tod und das Projekt seiner kulturellen Bearbeitung und Bewältigung zurückführen. Das gilt auch und ganz besonders für den Begriff der Gerechtigkeit. Gerechtigkeit ist ein todüberwindendes, lebenspendendes und Bestand verleihendes Prinzip. Vergänglichkeit und Tod resultieren aus Zerfall und Vereinzelung. Gerechtigkeit ist das Prinzip der Bindung, durch die der Mensch zum Mitmenschen und die Mitmenschen zur Gemeinschaft verbunden werden. Diese Bindung ist es, die Leben spendet. Der Eine lebt, lautet ein ägyptisches Sprichwort, wenn der andere ihn leitet. Allein kann man nicht leben. Gerechtigkeit heißt, sich vom anderen leiten lassen. Das Besondere dieser Bindung und Leitung ist nun, daß sie den Tod überdauert. Sie umspannt Diesseits und Jenseits, Lebende und Tote, Menschen und Götter. Darin liegt ihre todüberwindende, Fortdauer und Bestand verleihende Kraft.

Die zentralen Gedanken der ägyptischen Kultur gingen aus zentralen Bedürfnissen des Staates und des Kultes hervor und mündeten unmittelbar in Riten und Verwaltungsakte ein. Die Ägypter waren keine Philosophen. Sie hatten die Distanz zur Welt noch nicht gewonnen, aus der heraus sie allgemeine Betrachtungen anstellen und ihre Ergebnisse in der entspannten Prosa oder auch Poesie eines unabhängigen, keinen unmittelbaren Gebrauchszwecken unterworfenen Diskurses hätten niederlegen können. Wenn sie schreiben konnten, dann waren sie entweder Beamte oder Priester oder beides. Schreiben lernen hieß handeln lernen im Dienst des Staates und der Götter. Es gab keine »autonomen Intellektuellen«, die sich über die Grundlagen des Lebens Gedanken gemacht hätten ohne den Zwang, diese Gedanken auch in Ritus oder Verwaltung anwenden zu müssen. Die dazu notwendige Distanz war, wie gesagt, in Ägypten noch nicht gewonnen. Hier stand der denkende und schreibende Mensch mitten in den Zusammenhängen, die ihn zu seinem Denken und Schreiben veranlaßten, in einem symbiotischen oder konstellativen Verhältnis zur Welt, die ihm weniger Objekt seiner Erkenntnis als vielmehr Partner seines verwaltenden und anbetenden, administrativen und kultischen Strebens nach Ordnung, Leben und Dauer war.

Diese partnerschaftliche Eingebundenheit in die Welt gilt nun auch und ganz besonders für den Begriff der Gerechtigkeit, so wie der Ägypter ihn gedacht und in den uns überlieferten Schriften verdeutlicht hat. Für den Ägypter ist Gerechtigkeit, Ma'at, kein abstrakter Begriff, sondern eine Göttin, die ihn, wie es in einem Text aus dem Mittleren Reich heißt, im Tode an der Hand nehmen und mit ihm ins Totenreich hinabsteigen wird.

Die Gerechtigkeit aber wird ewig sein.
Sie steigt an der Hand dessen, der sie übte, ins Totenreich hinab.
Er wird begraben und vereint sich der Erde;
sein Name aber wird nicht ausgelöscht werden auf Erden,
sondern man gedenkt seiner wegen der Tugend.[1]

Ich glaube, daß wir hier die Mitte und den Ursprung der ägyptischen Gerechtigkeitsidee vor uns haben. Die Gerechtigkeit erlöst, um es paulinisch auszudrücken, vom Joch der Vergänglichkeit. Keine Kultur hat sich leidenschaftlicher gegen dieses Joch aufgebäumt als die altägyptische.

Der Text drückt das als Gedächtnis aus: »man gedenkt seiner wegen der Tugend«. Wer nach den Normen der Gerechtigkeit gelebt hat, also als Mitmensch, der sich vom anderen hat leiten lassen und andere geleitet hat, der wird nicht vergessen und bleibt im sozialen Gedächtnis der Gemeinschaft bewahrt. Dessen Name wird nicht ausgelöscht auf Erden.

Diesen Zusammenhang zwischen Tod, Gedächtnis und Unsterblichkeit hat noch Hekataios von Abdera mit einer unvergleichlichen Präzision beschrieben, und man kann sich nur wundern, wie es möglich ist, daß ein Grieche im späten 4. Jahrhundert v. Chr. eine Vorstellungswelt so getreulich reproduzieren kann, die sich 2000 Jahre zuvor entwickelt hat. Die unglaubliche Langlebigkeit dieser Gedanken zeigt, daß wir uns hier in der Mitte, im innersten Kern des kulturellen Gedächtnisses der Ägypter befinden, dort, wo die Kräfte der Be-

1 Aus den *Klagen des beredten Oasenmannes*, B1 338-342 = B2 72-75 (R. B. Parkinson, *The Tale of the Eloquent Peasant*, Oxford 1991, S. 43f.); vgl. Verf., *Ma'at. Gerechtigkeit und Unsterblichkeit im alten Ägypten*, München 1990, S. 113.

wahrung, Befestigung und Kanonisierung am intensivsten greifen.

Hekataios von Abdera lebte zu Beginn der Ptolemäerzeit, von 320-305, in Alexandria und schrieb ein großes, nur in Zitaten erhaltenes Werk über Ägypten. Darin heißt es:

Die Einheimischen geben der im Leben verbrachten Zeit einen ganz geringen Wert. Dagegen legen sie das größte Gewicht auf die Zeit nach ihrem Tode, während der man durch die Erinnerung an die Tugend im Gedächtnis bewahrt wird. Die Behausungen der Lebenden nennen sie »Absteigen« (*katalyseis*), da wir nur kurze Zeit in ihnen wohnten. Die Gräber der Verstorbenen bezeichnen sie als »ewige Häuser« (*aidioi oikoi*), da sie die unendliche Zeit im Hades verbrächten. Entsprechend verwenden sie wenig Gedanken auf die Ausrüstung ihrer Häuser, wohingegen ihnen für die Gräber kein Aufwand zu hoch erscheint.[2]

Hekataios war aufgefallen, daß die Ägypter ihre Wohnhäuser aus luftgetrockneten Lehmziegeln bauen, das billigste und schlichteste Baumaterial, das sich denken läßt. Auch der Königspalast ist aus diesem Material errichtet. Dagegen sind die Gräber aus Stein gebaut, entweder wie kleine Tempel aus behauenen Blöcken oder aus dem Fels herausgehauen. Das hat, wie er meint, seinen Grund in der ägyptischen Konstruktion der Zeit, und diese wiederum erwächst aus den ägyptischen Begriffen von Tod und Unsterblichkeit. Das Wissen um die Sterblichkeit des Menschen läßt die Lebenszeit für den Ägypter zu einem kurzen Augenblick zusammenschrumpfen, für den es nicht lohnt, sich auf Erden aufwendig einzurichten. Dafür investieren sie alle geistigen

2 Hekataios von Abdera, bei Diodor, *Bibl. Hist.* I 51.

und materiellen Mittel in die Ewigkeit oder besser unendlich lange Zeit, während deren sie nach ihrem Tod wegen ihrer Tugend im Gedächtnis bewahrt bleiben. Zwei Handlungsfelder leiten sich also nach Hekataios aus dem ägyptischen Bild des Todes und der darin verankerten Konstruktion der Zeit her: das Handlungsfeld der aufwendigen Steinarchitektur und das Handlungsfeld der Tugend, d. h. der Moral oder Gerechtigkeit. Wie recht Hekataios mit dieser Analyse hat, zeigt sich an ägyptischen Texten, z. B. dieser Inschrift in einem Grab des 15. Jh. v. Chr.[3]:

Ich errichtete mir ein vortreffliches Grab
in meiner Stadt der Zeitfülle.
Ich stattete vorzüglich aus den Ort meiner Felsgrabanlage
in der Wüste der Ewigkeit.[4]

Möge mein Name dauern auf ihm
im Munde der Lebenden,
indem die Erinnerung an mich gut ist bei den Menschen
nach den Jahren, die kommen werden.

Ein Weniges nur an Leben ist das Diesseits,
die Ewigkeit [aber] ist im Totenreich.[5]

3 E. Dziobek, *Die Denkmäler des Vezirs User-Amun*, Heidelberg 1998, S. 78f.

4 Eine Anspielung auf die berühmte Maxime aus der Lehre des Hordedef, die auch in der Lehre für Merikare zitiert wird:
Statte dein Haus des Westens vorzüglich aus,
und mache vortrefflich deinen Sitz der Nekropole.
Vgl. H. Brunner, *Altägyptische Weisheit. Lehren für das Leben*, Zürich 1988, S. 102, Verse 11f. mit 430; »Die Lehre für Merikare«, ebd., S. 153, Verse 301f., und vor allem »Die Lehre des Ani«, ebd., S. 202, Verse 89-109.

5 Dieselbe Gegenüberstellung von Diesseits (*tp tꜣ*) und Jenseits (*ẖrt nṯr*) und die Abwertung der diesseitigen im Vergleich zur jenseitigen Zeit finden sich auch in dem berühmten Harfnerlied im Grab TT 50: *Liedtext siehe nächste Seite.*

Auch hier werden die außerordentlichen Aufwendungen für die Grabanlage damit begründet, daß die »auf Erden« (*tp tꜣ*) verbrachte Zeit nur »ein Weniges« ist im Vergleich zu der »Ewigkeit« (*ḏt*), die man im »Totenreich« (*ẖrt nṯr*) verbringt, und daß es darauf ankommt, von den Lebenden »erinnert« zu werden. Denn das alles, diese ganzen Investitionen ins Steinerne und Geistige, haben keinen Wert ohne das, was der Ägypter Ma'at nennt.

So erscheint das vom Sterben bedrohte und begrenzte menschliche Leben eingebettet in einen umgreifenden Horizont von Dauer und Ewigkeit. Dieser Horizont findet symbolischen Ausdruck im Steinernen und basiert auf der Idee der Gerechtigkeit. Wer Gerechtigkeit übt, assimiliert sich schon in der Vergänglichkeit seines Erdendaseins der heiligen Dauer seines nachtodlichen Bleibens.

Gedächtnis und Gerechtigkeit gehören zusammen. »Man gedenkt seiner wegen der Tugend«, heißt es in dem eben zitierten Text. Ein ägyptisches Sprichwort sagt: »Das Monument [gemeint ist: das wahre Monument] des Menschen ist seine Tugend.« In einer Weisheitslehre wird gesagt, daß das Grab durch Tugend

Ich habe diese Lieder gehört, die in den Gräbern der Vorfahren stehen,
und was sie erzählen zur Erhöhung des Diesseits und zur Herabsetzung des Jenseits.
Warum wird dergleichen angetan dem Lande der Ewigkeit?
... Unsere Leute ruhen in ihm seit der ersten Urzeit,
und die da sein werden in unendlichen Jahren,
sie gelangen alle dorthin. Es gibt kein Verweilen in Ägypten. [...]
Die Zeit, die man auf Erden verbringt, ist nur ein Traum. Aber »Willkommen, wohlbehalten und heil!« sagt man zu dem, der den Westen erreicht hat.
vgl. M. Lichtheim, »The Egyptian Harper's Songs«, in: *Journal of Near Eastern Studies* 4, S. 197f.

und Gerechtigkeit gebaut wird. Die eigentlichen Investitionen gelten dem Gedächtnis; das Grab ist nur das Zeichen, der Außenhalt der Erinnerung, die sich an ein in Tugend und Gerechtigkeit geführtes Leben heftet.

Das Gedächtnis, in dem der Mensch weiterleben möchte, ist das Gedächtnis der Gruppe, ein im eigentlichen Sinne soziales Gedächtnis. An dieses Gedächtnis wenden sich die Inschriften und Bilder in seinem Grab, soweit sie nicht mit den Riten zusammenhängen, die ein anderes Medium seines Weiterlebens darstellen. Die Gräber waren darauf angelegt, von der Nachwelt besucht zu werden. Sie beeindrucken den Besucher nicht nur, indem sie ihm die hohe Stellung des Grabherrn vor Augen führen, d. h. die Gunst, die ihm zu Lebzeiten von seiten des Königs zuteil geworden ist als Lohn für die Rechtschaffenheit, Tugendhaftigkeit und berufliche Effizienz seiner Lebensführung, sondern sie stellen auch klar, daß dieser Erfolg einem wahrhaft Gerechten zuteil wurde, der sich der Armen und Abhängigen annahm, den Hungrigen speiste, den Durstigen tränkte, den Nackten kleidete, den Schifflosen übersetzte, die Witwe beschützte, die Waise aufzog, kurz, alles in seiner Macht Stehende tat, um dem Unrecht auf Erden gegenzusteuern, dem Armen gegenüber dem Reichen zu seinem Recht zu verhelfen, der Unterdrückung des Schwachen durch den Starken entgegenzutreten, die gerechte Verteilung der Lebensgüter zu fördern und unter den Menschen Harmonie, Solidarität und Freundschaft zu verbreiten. Eine elaborierte Sprache der Tugend, Gerechtigkeit und sozialen Verantwortung entwickelt sich im Zusammenhang dieser Grabbiographien oder Apologien des Grabherrn vor dem Tribunal der Nachwelt und führt zur Ausbildung eines Weisheitsdiskurses, der die Mitte der ägyptischen Literatur bildet. Weisheit ist nach ägyptischem Begriff die Kunst der rechten Lebensführung, und der Inbegriff des rechten Lebens ist das Zusammenleben. Leben heißt für den Ägypter Konnektivität, Eingebundenheit in die Gruppe, dadurch, daß ich an die anderen denke und für sie handele, so daß sie auch bis in alle Zeit meiner gedenken und für mich handeln. Ein Mann lebt, wenn sein Name genannt wird, sagt ein weitverbreitetes ägyptisches Sprichwort. Tod ist Vergessenwerden, Herausfallen aus dem sozialen Netz des Aneinanderdenkens und Füreinanderhandelns. Diesem Tod gilt es entgegenzuarbeiten, indem man sich unvergeßlich macht, nicht durch Heldentaten, die alle Normen sprengen, sondern durch ein gerechtes und tugendhaftes Leben, das alle Normen erfüllt.

Die Gerechtigkeit, die dem Menschen hilft, den Tod zu überwinden, indem sie seinen Handlungen Bestand verleiht und seinen Namen lebendig erhält, sie ist es auch, die die Menschen zur Gemeinschaft verbindet. Für die Ägypter wird Gemeinschaft dadurch hergestellt und aufrecht erhalten, daß jeder einzelne die Ma'at tut und die Ma'at sagt. Dadurch knüpft und stärkt er das Netz der Konnektivität, das sowohl seinem eigenen Leben Bestand über den Tod hinaus verleiht als auch die Harmonie des menschlichen Zusammenlebens garantiert. Es kommt darauf an, sich selbst als Glied eines umgreifenden Ganzen zu verstehen und sich in Reden und Handeln diesem Ganzen einzufügen. Das ist in allererster Linie eine Sache des Gedächtnisses, und zwar nicht nur des sozialen Gedächtnisses, in dem man über den Tod hinaus aufgehoben sein und weiterleben möchte, sondern vor allem auch des individuellen Gedächtnisses, in das sich die Gesellschaft mit ihren Normen und Ansprüchen einschreibt.

Dabei geht es um Identität: darum, daß man morgen derselbe ist wie heute.[6] In einem Text aus dem frühen 2. Jahrtausend heißt es: »Der Träge hat kein Gestern«[7], d. h. kein Gedächtnis, keine Vergangenheit. Das Ideal ist demgegenüber der Mensch, der sich erinnern kann: »Ein guter Charakter kehrt zurück an seine Stelle von gestern, denn es ist befohlen: Handle für den, der handelt, um zu veranlassen, daß er tätig bleibt. Das heißt, ihm danken für das, was er getan hat.«[8] Wenn die Vergangenheit – das »Gestern« – vergessen wird, dann handeln die Menschen nicht mehr füreinander, vergelten nicht mehr Gutes mit Gutem und Böses mit Bösem. Dann geht die Zeit und damit die Gesellschaft aus den Fugen. Diese Klage ist in der ägyptischen Literatur des Mittleren Reichs sehr verbreitet. So liest man etwa in einem anderen wichtigen Text[9] dieser Zeit: »Man erinnert sich nicht des Gestern, man handelt nicht für den, der gehandelt hat heutzutage.«[10] Der Verlust der Vergan-

6 Vgl. zum folgenden: Verf., *Ma'at. Gerechtigkeit und Unsterblichkeit im Alten Ägypten*, München 1990, S. 60-64.

7 *Die Klagen des Oasenmannes* (Bauer) B 2, 109f. (Parkinson, *Eloquent Peasant*, a. a. O., S. 47); Verf., *Ma'at*, a. a. O., S. 60.

8 *Die Klagen des Oasenmannes* (Bauer) B 1, 140f. (alt 109-110); Friedrich Vogelsang, *Kommentar zu den Klagen des Bauern*, Unters. z. Gesch. u. Altertumsk. Äg. 6, Leipzig 1913, S. 100; Parkinson, a. a. O., S. 24.

9 Papyrus Berlin 3024, 115f., ed. Adolf Erman, *Das Gespräch eines Lebensmüden mit seiner Seele*, Berlin 1896. Zahlreiche neue Übersetzungen, u. a. von Erik Hornung, *Gesänge vom Nil*, Zürich 1990, S. 115.

10 Diese drei Zeilen stehen im Text an herausgehobener Stelle. Sie bilden die mittlere Strophe eines »anaphorischen Strophenliedes«, dessen Strophen alle mit dem Satz »Zu wem kann ich heute [noch] reden?« beginnen und das mit drei anderen Strophenliedern den ansonsten »prosaischen« (oder besser gesagt: anders und schwächer geformten) Text lyrisch unterbricht.

genheit ist gleichbedeutend mit dem Verschwinden von Dankbarkeit, Vergeltung, Verantwortung, Solidarität, Gemeinsinn, Recht und Gerechtigkeit. Wenn das soziale Gedächtnis zerfällt, ägyptisch gesprochen, »das Gestern vergessen wird«, wird die Welt, wie es ein weiterer Text ausdrückt, zum Kampfplatz eines Kampfes aller gegen alle: »Siehe, man kämpft auf dem Kampfplatz, denn das Gestern ist vergessen. Nichts gelingt dem, der den nicht mehr kennt, den er gekannt hat.«[11]

Diesen Zusammenhang zwischen Gedächtnis, Identität und moralischer Verantwortung hat Nietzsche in seiner *Genealogie der Moral* in unvergleichlich eindrucksvoller Weise herausgearbeitet. Nietzsche nennt dies das »Gedächtnis des Willens«, das sich der Mensch angezüchtet hat, um Verpflichtungen eingehen und Versprechen abgeben zu können. Damit trifft Nietzsche den entscheidenden Punkt der ägyptischen Gerechtigkeitskonzeption, mit dem einzigen Unterschied, daß diese nicht auf die Zukunft, sondern auf die Vergangenheit blickt und nicht vom Einlösen eingegangener Verpflichtungen in der Zukunft als dem Modellfall ausgeht, sondern von der Dankbarkeit gegenüber in der Vergangenheit empfangenen Wohltaten. Verantwortung ist ein Antwort-Zusammenhang. Man beantwortet im eigenen Handeln das Handeln der anderen und weiß sich selbst abhängig von den Antworten der anderen auf das eigene Handeln.

Diesen Kultur und Gemeinschaft stiftenden Prozeß des »Gedächtnismachens« nennt Nietzsche »Mnemo-

11 *Lehre des Königs Amenemhet I*, Papyrus Millingen 10f.; Abschnitt V d-e in der Textausgabe von Wolfgang Helck, *Die Lehre des Amenemhet*, Wiesbaden 1969, S. 35-37. Vgl. zur Stelle Wolfhart Westendorf, in: *Göttinger Miszellen* 46 (1981), S. 33-42, und Elke Blumenthal, in: *Zeitschr. f. äg. Sprache* 111 (1984), S. 88.

technik«. Daran hat Nietzsche vor allem das Gewaltsame hervorgehoben. Er schildert diesen Prozeß der Züchtung des Menschen zum Mitmenschen, diesen Zivilisationsprozeß im eigentlichsten Sinne, in düstersten Farben.

»Dieses uralte Problem ist, wie man denken kann, nicht gerade mit zarten Antworten und Mitteln gelöst worden; vielleicht ist sogar nichts furchtbarer und unheimlicher an der ganzen Vorgeschichte des Menschen, als seine Mnemotechnik. ›Man brennt etwas ein, damit es im Gedächtnis bleibt: nur was nicht aufhört, *wehzutun*, bleibt im Gedächtnis‹ – das ist ein Hauptsatz aus der allerältesten (leider auch allerlängsten) Psychologie auf Erden. [...] Es ging niemals ohne Blut, Martern, Opfer ab, wenn der Mensch es nötig hielt, sich ein Gedächtnis zu machen; die schauerlichsten Opfer und Pfänder (wohin die Erstlingsopfer gehören), die widerlichsten Verstümmelungen (zum Beispiel die Kastrationen), die grausamsten Ritualformen aller religiösen Kulte (und alle Religionen sind auf dem untersten Grunde Systeme von Grausamkeiten) – alles das hat in jenem Instinkte seinen Ursprung, welcher im Schmerz das mächtigste Hilfsmittel der Mnemonik erriet.«[12]

Was Nietzsche hier vollkommen entgeht, ist der erlösende Charakter der Gerechtigkeit und des Bindungsgedächtnisses, auf dem sie beruht. Er stellt sie als ein furchtbares Joch dar, aber als wahrhaft furchtbar haben die Ägypter das Joch der Vergänglichkeit empfunden, von dem sie befreien soll. Bindung erlöst von der Einsamkeit, und der Bestand, das Bleiben und Fortdauern, das nur durch Bindung zu erreichen ist, erlöst von der Vergänglichkeit.

12 Friedrich Nietzsche, *Zur Genealogie der Moral*, 2. Abh., *Werke in drei Bänden*, hg. v. K. Schlechta, Darmstadt 1960, Bd. II, S. 761-900, hier S. 802.

Aber die Ägypter geben Nietzsche im Grunde auch wieder recht, wenn sie davon ausgehen, daß die Ma'at, die Mitmenschlichkeit, das soziale Gedächtnis, unter den Menschen nicht existieren kann ohne den Staat und seine »Erzwingungsstäbe«. Der Staat ist dazu da, die Ma'at auf Erden einzusetzen, d. h. die Rahmenbedingungen dafür zu schaffen, daß sie überhaupt praktiziert werden kann. Ohne den Staat, der das Vergessen unter Strafe stellt, würden die Normen der Ma'at nicht erinnert werden. Also gilt auch hier: Nur was nicht aufhört wehzutun, bleibt im Gedächtnis; nur mit dem Unterschied, daß wir uns bei den Ägyptern bereits auf einer Stufe der Zivilisation befinden, in der das Schmerzhafte der Erinnerung nicht mehr unmittelbar den Körpern eingebrannt, sondern ausgelagert wird in die symbolischen Formen staatlicher Institutionen und Gesetze, literarischer Texte und schulischer Unterweisung, kurz: einer Symbolwelt von Merkzeichen, die an die Stelle des Körpers getreten sind und die jetzt die Erinnerung nicht mehr in die Haut, sondern ins Herz schreiben. Der Begriff der Schrift bietet sich an, um diese Symbolwelt von Merkzeichen, diese verschiedenen Codes einer kulturellen Mnemotechnik, zusammenzufassen. Die Schrift tritt an die Stelle des Körpers. Der ägyptische Knabe macht keine Initiationsfolter mehr durch, er lernt schreiben.[13] Mit diesem Schreibenlernen wird nicht, wie bei uns, lediglich eine wichtige Kulturtechnik erworben, sondern

13 Die Beschneidung ist vielleicht der letzte Rest urtümlicher Initiationsfoltern, aber sie wird von kundigen Ärzten ausgeführt und scheint in Ägypten den ursprünglichen initiatorischen Sinn weitgehend verloren zu haben, denn wir erfahren aus den Quellen nichts von irgendeiner besonderen zeremoniellen Formung dieser Prozedur. Mit grausamem »Gedächtnismachen« hat das offenbar nichts mehr zu tun. Dies geschieht bei den Ägyptern längst schon in den zivilisierten Formen schulischer Unterweisung.

zugleich das kulturelle Wissen, dieselbe Art von Wissen, die dem Stammesnovizen bei der Initiation eingebrannt wird, ein kulturelles Gedächtnis. In der Schrift erschließt sich der Ägypter darüber hinaus einen Raum öffentlicher Fort-Dauer, in den er sich mit seiner »Tugend« einschreiben kann.

Der Staat ist also nach ägyptischer Auffassung in allererster Linie dazu da, die Ma'at zu verwirklichen, d. h. unter den Menschen Recht und Gerechtigkeit durchzusetzen. Ein ägyptischer Text bringt das folgendermaßen zum Ausdruck:

Re hat den König eingesetzt
auf der Erde der Lebenden
für immer und ewig
beim Rechtsprechen der Menschen, beim Befriedigen der Götter,
beim Entstehenlassen der Ma'at, beim Vernichten der Isfet.
Er [der König] gibt Gottesopfer den Göttern
und Totenopfer den Verklärten.

Der König, d. h. der Staat, ist dazu eingesetzt, auf Erden die Ma'at entstehen zu lassen. Das geschieht dadurch, daß den Menschen Recht gesprochen und den Göttern und Toten Opfer dargebracht werden. Ein anderer Text spezifiziert, was es heißt, den Menschen Recht zu sprechen: Es geht darum, *»zwischen dem Starken und dem Schwachen zu entscheiden«*, oder auch: *»den Schwachen vor dem Starken zu erretten«*. Auch hier tritt uns wieder die Gerechtigkeit als ein erlösendes, befreiendes Prinzip entgegen. Aber hier erlöst sie nicht vom Joch der Vergänglichkeit, sondern von der Gewalt im Naturzustand, den auch die Ägypter sich, wie Hobbes, als die Unterdrückung der Schwachen durch die Starken vorgestellt haben. In dieselbe Richtung weist die Sentenz aus einem Weisheitstext, der die Fürsorge des Schöpfers für seine Geschöpfe preist. Dort heißt es:

Er schuf ihnen Herrscher im Ei
und Befehlshaber, um den Rücken des Schwachen zu stärken.

Der Staat ist eine rettende Institution. Er ist dazu eingesetzt, die Gerechtigkeit durchzusetzen, d.h. das Prinzip, das die Menschen zur Gemeinschaft verbindet und Gemeinschaft stiftet zwischen Menschen, Göttern und Toten; daher gehören die Gottes- und Totenopfer auch zur Verwirklichung der Ma'at. So ist also nach ägyptischer Auffassung der Staat die Verwirklichung der Gerechtigkeit, die in der Erlösung vom Joch der Vergänglichkeit besteht, indem sie Bindung und Bestand schafft, und die von der Unterdrückung durch Gewalt befreit, indem sie Recht schafft, vor dem jeder gleich ist. So kann man mit Hegel sagen, daß der Staat die Verwirklichung der Freiheit ist.

Nun haben die Ägypter mehrfach die Erfahrung gemacht, daß der Staat zusammenbricht. Wie haben sie diese Erfahrung verarbeitet? Haben sie daraus die Lehre gezogen, nach unbedingteren, enttäuschungsfesteren, letztinstanzlichen Rahmenbedingungen der Gerechtigkeit Ausschau zu halten? Genau dies scheint mir der Fall, und ich würde den Ursprung der ägyptischen Idee des Totengerichts in der Ersten Zwischenzeit zu Ende des 3. Jahrtausends sehen und als Reaktion auf den Zerfall des Alten Reichs verstehen wollen. Die Idee des Totengerichts zeigt darüber hinaus noch einmal, daß der Tod die Mitte des ägyptischen Gerechtigkeitsdenkens bildet. Wir können den Prozeß ihrer allmählichen Herausbildung über viele Jahrhunderte verfolgen. Es fängt an mit der Vorstellung eines jenseitigen Gerichtshofs, der immer dann und nur dann tagt, wenn ein Fall vorgebracht, ein Prozeß angestrengt und eine Anklage erhoben wird. In dieser Form ist das Totengericht schon im Alten Reich bekannt. Danach wandelt es sich zur Vorstellung einer Prüfung, der sich jeder nach seinem Tode zu unterziehen hatte, um sich vor einem göttlichen Ankläger für seine Lebensführung zu verantworten.

Als *locus classicus* für die Idee einer solchen Verantwortung vor dem »wissenden« Gott gilt ein Abschnitt aus der Lehre für Merikare, einem Literaturwerk, das sich als Text der 10. Dynastie (21. Jh. v. Chr.) ausgibt. Die Lehre für Merikare ist ein Fürstenspiegel. Vielleicht ist es kein Zufall, daß die Idee einer allgemeinen Verantwortung vor dem Totengericht zuerst mit Bezug auf den König formuliert wurde, also im Zusammenhang der Frage, wie denn der Staat, der für die Grundlegung der Gerechtigkeit zuständig ist, seinerseits zu fundieren sei. Die erhaltenen Handschriften der Lehre stammen allerdings alle erst aus der späten 18. Dynastie (Ende 14. Jh.).

Die Richter, die den Bedrängten richten,
du weißt, daß sie nicht milde sind
an jenem Tag des Richtens des Bedrückten,
in der Stunde des Erfüllens der Vorschrift.
Schlimm ist der Ankläger, der ein Wissender ist.

Verlasse dich nicht auf die Länge der Jahre!
Sie sehen die Lebenszeit als eine Stunde an.
Wenn der Mensch übrig bleibt nach dem Landen,
werden seine Taten als Summe neben ihn gelegt.

Das Dortsein aber währt ewig.
Ein Tor, wer tut, was sie tadeln.
Wer zu ihnen gelangt ohne Frevel,

der wird dort sein als ein Gott,
frei schreitend wie die Herren der Ewigkeit.[14]

Die Normen, um die es beim Totengericht ging, waren die Normen des sozialen Lebens. Nicht töten, nicht stehlen, nicht lügen, keine Unzucht treiben, den König nicht beleidigen, den Gott nicht schmähen, keinen Aufruhr anzetteln, keinen Tempelbesitz antasten, aber auch sehr viel subtilere Dinge wie etwa niemanden bei seinem Vorgesetzten anschwärzen, keinen Schmerz zufügen, niemanden hungern lassen, keine Tränen verursachen, keine Tiere quälen, nicht am Beginn jeden Tages die vorgeschriebene Arbeitsleistung erhöhen, nicht zu schimpfen und zu streiten, niemanden zu belauschen, niemandem zuzuzwinkern, nicht zornig, nicht gewalttätig zu sein, sich nicht zu überheben und nicht taub zu sein gegenüber Worten der Wahrheit.

Beim Totengericht genügte es indes nicht, solche Vergehen einfach verbal abzustreiten. Der Gott war ja allwissend. Diese Situation der Beichte vor einem allwissenden Gott wurde bildlich in der Szene der Herzwägung gestaltet, auf die wir bereits oben, S. 24-26, eingegangen sind. Während der Tote seine Unschuldsbeteuerungen vortrug, lag das Herz auf der Waage und wurde gegen eine Figur der Wahrheitsgöttin abgewogen. Bei jeder Lüge würde die Waagschale mit dem Herzen sinken. Wird das Herz am Ende zu schwer befunden, würde ein Monstrum es verschlingen. Der Mensch würde als Person verschwinden, während er günstigen-

14 Lehre für Merikare P 53-57, vgl. J. F. Quack, *Studien zur Lehre für Merikare*, GOF 23, Wiesbaden 1992, S. 34f.; ich folge weitgehend der schönen metrischen Übersetzung von G. Fecht, *Der Vorwurf an Gott in den Mahnworten des Ipuwer*, Abh. Heidelberger Akad. d. Wiss. 1972, S. 147, mit Nachträgen S. 222 und 228f.

falls als Person erhalten bleibt.[15] Dieses wunderbare Bild gibt keine wirkliche Wägezeremonie wieder, sondern macht in der Weise des Symbols das Unsichtbare sichtbar: die Beziehung zwischen dem Gewissen des Menschen, symbolisiert im Herzen, und dem Willen und Wissen Gottes, symbolisiert in der Figur der Ma'at.

Ich frohlocke beim Sagen der Ma'at,
denn ich weiß, daß sie heilswirksam (ACH) ist
für den, der sie tut auf Erden
von der Geburt bis zum ›Landen‹.
Ein trefflicher Schutzwall ist sie für den, der sie sagt,
an jenem Tage, wenn er gelangt zum Gerichtshof,
der den Bedrängten richtet[16] und den Charakter aufdeckt,
den Sünder bestraft und seinen Ba abschneidet.

Ich existierte ohne Tadel,
so daß es keine Anklage gegen mich und keine Sünde von mir gibt vor ihnen,
so daß ich gerechtfertigt hervorgehe,
indem ich gelobt bin inmitten der Grabversorgten,
die zu ihrem Ka gegangen sind.

[...]

Ich bin ein Edler, der über die Ma'at glücklich ist,
der den Gesetzen der ›Halle der beiden Ma'at‹ nacheiferte,
denn ich plante, ins Totenreich zu gelangen,
ohne daß mein Name mit einer Gemeinheit verbunden wäre,
ohne den Menschen Böses angetan zu haben
oder etwas, das ihre Götter tadeln [...][17]

15 Vgl. zur Herzwägungsszene meinen Beitrag »Zur Geschichte des Herzens im alten Ägypten«, in: J. Assmann/Theo Sundermeier (Hg.), *Die Erfindung des inneren Menschen*, Gütersloh 1993, S. 81-112.

16 Zitat aus der Lehre für Merikare.

17 Turin, Stele 156, ed. Varille, in: *Bull. de l'Inst. Franc. d'Arch. Orient* 54 (1954), S. 129-135.

Was dieser Baki die »Gesetze der Halle der beiden Wahrheiten« nennt, sind die Normen des Totengerichts.

Die Antwort, die das Alte Ägypten auf das Problem der Gerechtigkeit, d. h. der letztinstanzlichen Fundierbarkeit der Moral, gefunden hat, galt bis weit ins 18. Jahrhundert hinein, bis hin zu Kant, dessen Bestimmung des kategorischen Imperativs dann erst die Bedingungen moralischen Handelns auf eine neue Grundlage stellte, als die einzig tragfähige. Zwei Grundannahmen, so schloß man, sind nötig, damit auf Erden Gerechtigkeit herrscht: die Unsterblichkeit der Seele und die Existenz einer Instanz, die lohnend und strafend über das Schicksal der Seele entscheidet. Es wurde weithin als ungenügend empfunden, die Frage nach der letztinstanzlichen Grundlage der Gerechtigkeit mit »Gott« oder »Religion« zu beantworten. Welche Religion? Und welcher Gott? Daß die hebräische Bibel bzw. das Alte Testament von Totengericht und Unsterblichkeit nichts wußten, war ein Problem, das man auf verschiedene Weise zu lösen versuchte. Daß andererseits die alten Ägypter so viel darüber wußten, ja daß eben diese beiden Ideen in Ägypten zentral und ursprünglich waren, war ein starkes Argument zugunsten der Annahme einer *prisca theologia*, einer ursprünglichen Gotteserkenntnis vor aller Offenbarung. Ebendiese beiden Ideen machten Ägypten, lange vor der Entzifferung der Hieroglyphen, für das Abendland bedeutend. Den Ägyptern war es gelungen, ohne offenbartes Gesetz einen Staat und eine Gesellschaft von geradezu fabelhafter Stabilität aufzubauen, die weithin für ihre Weisheit, Gerechtigkeit und Frömmigkeit berühmt war.

Am deutlichsten tritt der Aspekt der Kanonisierung in der Hieroglyphenschrift hervor, die über 3000 Jahre hinweg ihr Erscheinungsbild nicht wesentlich verändert und mit einzigartiger Konsequenz an der aufwendigen und unpraktischen realistischen Bildlichkeit ihrer Schriftzeichen festhält. Sie würde auch ohne diese Bildlichkeit perfekt funktionieren, das zeigt die abstrakte Kursive, die sich als Buchschrift auf Papyrus entwickelt. Für die Denkmäler aber hält man an der bildlichen Hieroglyphenschrift fest. Hier war jede Veränderung ausgeschaltet. Das gilt auch für die in Hieroglyphen geschriebene Sprache: Auch sie wird in einem bestimmten Stadium eingefroren. Dafür lassen sich viele Gründe anführen, aber einer hat gewiß auch mit dem Gedächtnis zu tun. Diese Schrift blieb über die Jahrtausende hin lesbar, die Sprache wurde in der Schule gelernt und damit eine diachrone kulturelle Transparenz erzeugt, die es einem gebildeten Ägypter zu Zeiten des Hekataios erlaubte, in den Grabinschriften des Alten Reichs seine Vorfahren zu erkennen, sich mit ihren Lebensgrundsätzen zu identifizieren und ihnen in dankbarem Gedenken ein kleines Totenopfer darzubringen, das aus nicht mehr als einem Gebet bestehen mußte und ein paar Tropfen Wasser.

Die enge Beziehung zwischen Grab und Schrift läßt sich noch weiter illustrieren und vertiefen. Gerade darin geht das ägyptische Monumentalgrab besonders weit über das hinaus, was wir normalerweise mit dem Begriff von Totenkult und Todeskultur im engeren Sinne verbinden würden. Seine Stellung in der ägyptischen Welt läßt sich nur mit unseren Vorstellungen von Kunst,

Autorschaft und Werk vergleichen. Dieser Vergleich scheint weit hergeholt, er findet sich jedoch – wie man weiß – schon bei Horaz, der sein Odenbuch mit den Pyramiden vergleicht, und auch Horaz steht damit in einer letztlich auf Ägypten selbst zurückgehenden literarischen Tradition, denn in einem Weisheitsbuch aus dem 13. Jh. v. Chr. lesen wir von den großen Klassikern der Vergangenheit:

Sie haben sich keine Pyramiden aus Erz geschaffen
und keine Stelen dazu aus Eisen;
sie haben es nicht verstanden, Erben zu hinterlassen in Gestalt von Kindern,
ihre Namen lebendig zu erhalten.
Doch sie schufen sich Bücher als Erben
und Lehren, die sie verfaßt haben.
Sie setzten sich die Schriftrolle als Vorlesepriester ein
und die Schreibtafel zum »Liebenden Sohn«.
Lehren sind ihre Pyramiden,
die Binse ihr Sohn,
die geglättete Steinfläche ihre Ehefrau.
Groß und Klein
wurden ihnen zu Kindern gegeben;
der Schreiber, er ist der Oberste von allen.
Man machte ihnen Tore und Kapellen – sie sind zerfallen.
Ihre Totenpriester sind davongegangen,
ihre Altäre sind erdverschmutzt,
ihre Grabkapellen vergessen.
Aber man nennt ihre Namen auf ihren Schriften, die sie geschaffen haben,
da sie kraft ihrer Vollkommenheit fortdauern.
Man gedenkt ihrer Schöpfer in Ewigkeit.[18]

18 Papyrus Chester Beatty IV vso 2.5ff., vgl. H. te Velde, »Commemoration in Ancient Egypt«, in: *Visible Religion* I, Leiden 1982, S. 135-153, S. 143f.

Die Literatur erscheint hier als die Fortsetzung oder vielmehr Überbietung der Monumentalarchitektur, des »Steinernen«, mit anderen, geistigen Mitteln. Wenn hier das Buch mit Grab und Totenkult verglichen wird, dann wird damit nicht nur die Grabmalhaftigkeit der Literatur hervorgehoben, also das Buch als die wahre, die bessere Pyramide herausgestellt, sondern zugleich auch so etwas wie die Buchhaftigkeit, die Literaturhaftigkeit bzw. Literarizität des Grabes unterstellt. Metaphern und Vergleiche wirken immer in beiden Richtungen, sie setzen ein Sinn-Kontinuum, einen gemeinsamen semantischen Nenner voraus.[19] Wer Achill einen Löwen nennt, sieht auch im Löwen etwas Achillhaftes, Heroisches. Wer das Buch eine Pyramide nennt, sieht auch in der Pyramide etwas Buchhaftes. Der gemeinsame Nenner ist in diesem Fall das Fortleben des Namens, die Unsterblichkeit im Gedächtnis der Nachwelt. Auch das Grab wendet sich an eine Nachwelt von Lesern:

O ihr Lebenden, die ihr existiert,
ihr Beamten und Menschen auf Erden,
Gottesdiener, web-Priester und ihre Genossen,
jeder Schreiber, der die Palette ergreift,
der bewandert ist in den Hieroglyphen...
sprecht das Opfergebet, wie es in der Schrift steht,
und die Opferrezitation, wie es die Vorfahren gesagt haben
und wie es aus dem Mund des Gottes hervorging.[20]

Der entscheidende gemeinsame Nenner jedoch zwischen Grab und Buch bildet die Kategorie der Autorschaft. Sie dürfte in anderen Kulturen keine Parallele haben. Wo sonst tritt der Grabherr als »Autor« seines

19 Vgl. B. Snell, *Die Entdeckung des Geistes*, Hamburg 1959, S. 258-298.
20 K. Sethe, *Urkunden des ägyptischen Altertums IV*, Neudruck Graz 1961, 120-121.

Grabes und seines darin aufgezeichneten Lebens in Erscheinung? Gräber werden von den Hinterbliebenen errichtet, unter Umständen aufgrund langfristiger Vorbereitung und Veranlassung des Verstorbenen. Sie sind aber kaum als Organe einer umfassenden sprachlichen und bildlichen Selbst-Thematisierung zu verstehen. Hier liegt das besondere, »literarische« Element der ägyptischen Monumentalgräber.[21]

Diese diachrone kulturelle Transparenz, die die ägyptische Kultur auszeichnet, ist aus dem Bewußtsein des Todes und der Sehnsucht nach Unsterblichkeit (oder doch wenigstens nach mehr Zeit) geboren. Sie hat nichts zu tun mit dumpfem Beharren, Unfähigkeit zur Entwicklung und zum Fortschritt in der Geistigkeit, mit sturem Konservatismus und Traditionalismus. Man kann sich allerdings auch fragen, ob nicht manche der anderswo als dumpfer Traditionalismus verschrieenen Phänomene ebenfalls ihre Wurzel in dem Verlangen haben, die Zeit stillzustellen, einen weiten Horizont diachroner Transparenz zu schaffen und seinen eigenen Lebensaugenblick in diesen weiten Zeit- und Erinnerungsraum hineinzustellen.

Die Ägypter nun, denen Hekataios begegnete, um sie über den Sinn ihrer eigentümlichen Sitte zu befragen, in Lehmhütten zu wohnen und sich in steinernen Palästen begraben zu lassen, und die sich so hervorragend unterrichtet zeigten über die jahrtausendealte mit dieser Praxis verbundene Semantik, diese Ägypter lebten in einem Jahrtausende umfassenden Erinnerungsraum und blick-

21 Man könnte in diesem Zusammenhang auch auf die Ermahnungen, sich ein Grab anzulegen, verweisen, die in einigen Lebenslehren vorkommen, insbesondere auf die entsprechende Maxime in der Lehre des Ani.

ten in eine Vergangenheit zurück, deren Tiefe die Griechen als märchenhaft anmuten mußte, ging sie doch weit über jene Grenze hinaus, an der ihre eigenen Stammbäume, falls sie von Adel waren, in die Heroen- und Götterwelt überzugehen pflegten. Die Ägypter jener Zeit mußten von einem ganz besonderen Vergangenheitssinn und -bewußtsein durchdrungen gewesen sein, das seine Grundlage in der Grabkultur hatte und sich damit wiederum vom Tode ableitete. Das Besondere dieses Vergangenheitsbewußtseins war, daß diese Vergangenheit nicht fremd geworden war im Laufe der langen Zeit. Daher ist dieses Vergangenheitsbewußtsein kein Geschichtsbewußtsein im engeren Sinne, denn Geschichtlichkeit bedeutet immer eine Entfremdung der Vergangenheit. In dieser Hinsicht stellen die alten Ägypter den extremsten Gegensatz zu unserer eigenen Zeiterfahrung dar. Diese hat der Zürcher Philosoph Hermann Lübbe als Gegenwartsschrumpfung beschrieben. Die Welt, in der wir leben, wandelt sich durch Innovationsverdichtung so schnell, daß die Gegenwart im Handumdrehen veraltet. Sie schrumpft durch Veraltensgeschwindigkeit auf einen kurzen Augenblick zusammen. Dieser Gegenwartsschrumpfung begegnet unsere Kultur durch eine einzigartige Intensität der Vergangenheitszuwendung. Die anfallenden Massen fremdgewordener Vergangenheit werden liebevoll musealisiert. Historische Ausstellungen ziehen Besuchermassen an, und Historiographie ist, wie Lübbe sagt, »bestsellerträchtig«. Genau dieser Gegenwartsschrumpfung arbeitete die altägyptische Kultur mit allen Kräften entgegen. Sie hätte darin ein Symptom von Todesbefallenheit gesehen. So wie unsere Kultur das Heil in der Zukunft sucht und durch Innovationsverdichtung zu beschleunigen trachtet, sah das Alte Ägypten das Heil in einer mythischen, zeitlosen Vergangenheit, die es mit Tod und Jenseits in Verbindung brachte und in der jeweiligen Gegenwart mit allen Mitteln zu vergegenwärtigen suchte.[22]

Nun entsteht fremdgewordene Vergangenheit nicht nur durch Innovationsverdichtung, sondern auch durch Untergang und Abkehr. Wenn eine Kultur untergeht, so wie z. B. die mykenische, verfremdet sie sich in der Rückerinnerung zu einem Heroischen Zeitalter. Eine andere Form, die Vergangenheit zu verfremden, ist der Entschluß, sich von ihr loszusagen zugunsten einer neuen politischen, semantischen, religiösen Ordnung, so wie sich die Ägypter der Spätantike von ihrer Vergangenheit lossagten und das Christentum annahmen, oder wie sich die Christen vom Judentum lossagten. Beide Formen der Vergangenheitsverfremdung kennzeichnen unsere gegenwärtige Situation, und beide wurden in Ägypten erfolgreich vermieden. Gelegenheit zu Abbruch und Umbruch hat es reichlich gegeben. Das Alte Reich ging mit dem Ende des 3. Jahrtausends unter, und die folgenden 150 Jahre sahen eine neue politische Ordnung und eine neuartige kulturelle Semantik entstehen. Nichts hätte näher gelegen, als sich dieser Vergangenheit zu entfremden und auf die kolossalen Ruinen des Alten Reichs als das Werk von Riesen oder Halbgöttern zurückzublicken, so wie die Griechen die Mauern der mykenischen Kultur den Zyklopen zuschrieben. Ägypten ist einen anderen Weg gegangen. Es hat trotz erheblicher Veränderungen seiner kulturellen Semantik verstanden,

22 H. Lübbe, »Die Modernität der Vergangenheitszuwendung«, in: G. Scholz (Hg.), *Historismus am Ende des 20. Jahrhunderts. Eine internationale Diskussion*, Berlin 1997, S. 146-154.

an die Tradition des Alten Reichs anzuknüpfen und die Vergangenheit nicht opak werden zu lassen. Derselbe Zusammenbruch wiederholt sich nach den ersten Jahrhunderten des 2. Jahrtausends, diesmal verschärft durch den Verlust der politischen Souveränität an die »Hyksos«, westsemitische Einwanderer aus Palästina. Und wieder gelingt dem Neuen Reich sowohl die Erneuerung wie die Wiederanknüpfung. Als dann mit dem Ende des Neuen Reichs auch Ägypten in die allgemeine Krise der späten Bronze- und frühen Eisenzeit eintritt, in der viele Reiche und Kulturen wie die Hethiter und die Mykener ganz verschwinden, und unter der Fremdherrschaft der Libyer und Äthiopier wiederum starke Veränderungen sowohl seiner politischen Struktur wie auch seiner kulturellen Semantik erfährt, entwickelt sich eine Vergangenheitszuwendung, die fast schon moderne Züge annimmt und ebenfalls als kompensatorische Reaktion auf die Radikalität und Geschwindigkeit des Wandels zu verstehen ist. Sie steht aber im Zeichen der Identifikation, nicht der Verfremdung.

Die saitische Renaissance ist weder eine Musealisierung der Vergangenheit im modernen Sinne noch eine Wiederanknüpfung im Sinne vorhergehender Rückbezüge. Sie ist beides zugleich. Jetzt wird die Vergangenheit regelrecht kopiert, Statuen, Bilder, Inschriften entstehen, die ihren Vorbildern des Alten und Mittleren Reichs täuschend ähnlich sehen, alte Texte werden im großen Stil nicht nur abgeschrieben, sondern auch mit philologischer Kunst hergestellt, indem aus verschiedenen Vorlagenhandschriften ein verbindlicher Text ermittelt wird, und die ganze Kultur erhält durch diesen exzessiven Archaismus ein gewissermaßen kostümiertes Gepräge, das geradezu an die Ägyptomanie späterer

Zeiten denken läßt. Der Rückbezug wird jetzt mit einem höheren Grad von programmatischer Bewußtheit betrieben. Man hat den Eindruck, daß nun der eingetretene Wandel ins Bewußtsein durchgeschlagen ist und eine Form nicht nur von Vergangenheits-, sondern auch von Geschichtsbewußtsein erzeugt hat. Man ist sich bewußt, in einer Moderne zu leben, die auf eine lange Vergangenheit zurückblickt. Aber man blickt auf diese Vergangenheit als eine Klassik zurück, der man die Vorbilder entnimmt; die vergangene Kultur wird zu einem Stil, den man bewußt pflegt, und zu einem Wissens- und Bildungsreservoir, das man mit wahrer Leidenschaft sammelt, studiert, kopiert und weiterführt. Das ist die Zeit, in der Solon Ägypten bereist haben soll und die Priester ihm die Geschichte von Atlantis erzählten. »O Solon, ihr Griechen bleibt immer Kinder«, sollen sie zu ihm gesagt haben. Ihr habt ein kurzes Gedächtnis, weil eure Aufzeichnungen immer wieder untergehen in den Katastrophen, die die Welt heimsuchten. Diese Leute waren sich der Jahrtausende umfassenden Vergangenheit bewußt, auf die sie zurückblickten, und auch der einzigartigen Leistung, diesen grandiosen Erinnerungsraum über alle Katastrophen hinweg gerettet zu haben. Das war auch die Zeit, in der ein anderer Hekataios, Hekataios von Milet, Ägypten bereiste, ein Mann von Familie. Vor den Amunpriestern in Theben soll er, wie Herodot erzählt, mit seinem Stammbaum geprahlt haben, der in der 16. Generation bei einem Gott endete. Die Priester haben ihn allerdings schön abfahren lassen. Sie haben ihm 345 Statuen gezeigt, die ebenso vielen Generationen von Hohepriestern entsprachen. 345 Generationen und kein Gott. Über 10 000 Jahre säkulare, exakt chronologisch vermessene, dokumentierte

Vergangenheit. Das war natürlich ein Irrtum, weiter als knapp 3 000 Jahre ließ sich beim besten Willen nicht zurückblicken in diesem riesigen Museum von Statuen, Gräbern, Tempeln und Denkmälern, zu dem Ägypten geworden war. Aber 10 000 Jahre war die Zahl, die sie den Griechen vorhielten; auch Plato rechnet mit diesen 10 000 Jahren und meint, daß sich in diesem riesigen Zeitraum durch kluge Gesetzgebung die Kunst in keiner Weise verändert hätte. Das bezieht sich auf die Kanonisierung der Hieroglyphenschrift, denn diese gilt in Ägypten als ein Teil der Kunst, nicht der Grammatik, und zeigt, daß wir uns auch mit diesen Überlegungen noch immer im Umkreis der Gräber bewegen. Übrigens verbindet auch Herodot mit den 10 000 Jahren ägyptischer dokumentierter Vergangenheit die Aussage, es habe sich in diesem Zeitraum nichts verändert, und zwar obwohl die Sonne während dieser Zeit viermal ihren Lauf verändert habe. Sie sei zweimal für eine gewisse Periode im Westen statt im Osten aufgegangen. Hinter dieser fabelhaften Erzählung steht wiederum die Vorstellung, die kulturelle Kontinuität über große Umbrüche kosmischen Ausmaßes hinweg gerettet zu haben.

In diesen Jahrhunderten zwischen 650 und 350 arbeiten auch die Ägypter, ebenso wie die Schreiber im benachbarten Judaea, an der Kanonisierung ihrer heiligen Schriften. Der Kanon, der hier entsteht, ist freilich von grundsätzlich anderer Art, er kodifiziert keine Offenbarung, sondern bringt Grenze, Ordnung und strenge Reihenfolge in einen breiten Traditionsstrom, der ebenfalls tief in die Jahrtausende zurückreicht und zentral mit dem Projekt des Todes verbunden ist. Das ägyptische Totenbuch hat eine lange Geschichte, aber erst in diesen Jahrhunderten erhält es seine endgültige Gestalt.

Zu den steinernen Monumenten gehören andererseits auch noch die Riten mit ihren unzähligen umfangreichen Rezitationen, in denen sowohl die steinernen Kulissen der Monumente als auch die rituellen Handlungen eine hochkomplexe und geheimnisvolle Ausdeutung erfuhren. Die Riten realisieren einen ganz anderen Zeitbegriff als die Monumente: Nicht das unverrückbare Dableiben, das unwandelbare Fortdauern, sondern die Verwandlung, Bewegung und kreisläufige Erneuerung durch den Tod hindurch; nicht das Steinerne, Feste, Unangreifbare, Unverrückbar-Ruhende, sondern das Lichthafte, Himmlische, Immer-Bewegte machen hier den Inbegriff todüberwindender Heiligkeit aus. Beide Aspekte, die unwandelbare Dauer und die unendliche Erneuerung ergänzen sich zu einem Begriff von Zeit, den wir auch als Ewigkeit übersetzen können. Es handelt sich um die heilige, todenthobene Zeit, die in ihrem Aspekt der Dauer das Verschwinden und in ihrem Aspekt der ewigen Wiederkehr das Aufhören negiert. Die Denkmäler erzeugen Unwandelbarkeit, die Riten Unaufhörlichkeit, beides zusammen erst garantiert das Heil, das in der Überwindung des Todes gesehen wird.

Auch das rituelle Gedächtnis ist von der Tendenz der Stillstellung und Ausblendung von Wandel geprägt, und hier geht es ebenfalls um die Aufrechterhaltung von Lesbarkeit, Kommunikation und Identität. Das wird dadurch erreicht, daß man die Rezitationstexte über die Jahrhunderte und Jahrtausende hinweg unverändert beibehält und daß man, wo neue Texte verfaßt werden müssen, die Sprache der alten Texte verwendet. Das ist ein weltweit zu beobachtendes Phänomen. In vielen Stammesgesellschaften sind die heiligen Texte in der Sprache der Vorfahren verfaßt. Auch Schamanen kommunizieren in Trance mit Geistern und Göttern in der Ahnensprache. Für Ägypten sehen wir dieses Prinzip in der Praxis wirksam, besitzen darüber hinaus aber eine explizite Beschreibung und Begründung, die dem Griechen und Neuplatoniker Jamblichos verdankt wird. Jamblichos schreibt, daß die Ägypter ihre altehrwürdigen Gebetstexte wie »heilige Asyle« betrachtet und keinerlei Änderungen zugelassen hätten. Jamblichos begründet das mit der Unveränderbarkeit der Götter. Das Heilige verändert sich nicht, also darf auch in den symbolischen Formen, die es zur Gegenwart bringen, keine Veränderung zugelassen werden. Das rituelle Gedächtnis steht also ebenfalls im Dienst der Aufrechterhaltung einer bestimmten Identität, d. h. Zugehörigkeitsstruktur. Hier geht es aber um die Idee einer Gemeinschaft, die nicht die Nachwelt, sondern die Götter und Toten einbegreift. Um die Verbindung zu dieser Welt nicht abreißen zu lassen, folgt man streng dem Vorbild der Götter und den von ihnen instituierten rituellen Vorschriften. Das Vorbild der Götter artikuliert sich den Ägyptern im Kosmos. Die Riten und Rezitationen sind eine exakte Mimesis des kosmischen Lebens in der Kreisläufigkeit seiner natürlichen Abläufe wie Tag und Nacht, Sommer und Winter, Gestirnsbahnen, Nilüberschwemmung, Aussaat und Ernte, Verfall und Regeneration. Das Ziel dieser rituellen Mimesis ist zweierlei: Erstens soll die Menschenwelt mit den ihr eigenen Abläufen in diese heilige Kreisläufigkeit des kosmischen Lebens eingefügt werden, damit auch ihrem Verfall die Chance der Regeneration eröffnet (und das heißt in

Ägypten vor allem: der Tod in Richtung auf neues Leben überwindbar gemacht) wird. Zweitens geht es außerdem in aller Deutlichkeit darum, dieses kosmische Leben selbst in seiner Kreisläufigkeit in Gang zu erhalten und die Zeit in ihrer kalendarischen Ordnung nicht nur zu beobachten, sondern zuallererst zu erzeugen. Der rituelle Kalender ist nicht einfach ein Abbild des Kosmos, sondern eine kulturelle Form, die stabilisierend auf den Kosmos zurückwirkt. Dahinter steht nicht nur, wie Jamblichos meint, die Idee, daß die Götter konservativ sind und nichts anderes als immer wieder dieselben heiligen Formeln hören wollen, sondern das Bewußtsein, daß die zyklische Stabilität des Kosmos unablässig gefährdet ist und durch die rituellen Wiederholungen stabilisiert, in Gang gehalten werden muß. Die rituelle Institutionalisierung von Permanenz hat einen kosmischen Sinn, sie erzeugt kulturelle Ordnung, um kosmische Ordnung in Gang zu halten. Es handelt sich um eine wahrhaft kosmogonische Memoria. Die Welt wird erinnert, um sie zu bewahren gegen die ständig wirksame Tendenz zum Zerfall, zum Stillstand, zur Entropie, zum Chaos.

Im Bereich der Riten äußert sich das Streben nach Stillstellung in der Fixierung der Texte. In Ägypten hat man sich hier sehr früh der Schrift bedient. Daher spielt der Mann mit der Buchrolle, der »Vorlesepriester« oder Hierogrammateus, wie ihn die Griechen nannten, die Hauptrolle im Kult und am Hof, als Priester, Zauberer, Traumdeuter, Ratgeber und Wahrsager. Manche dieser Buchrollen haben sich erhalten. Es sind Erinnerungsstützen des Vorlesepriesters. Die Schrift spielt im Kult eine ganz andere Rolle als im Rahmen der monumentalen Memoria. Dort *spricht* die Schrift aus eigener Kraft, sie ist Trägerin der Erinnerung, die über die Jahrtausende wachgehalten werden soll. Daher darf am Schriftsystem nichts geändert werden. Im Ritus kommt es dagegen nur auf das gesprochene Wort an. Die Schrift hat hier eine ausschließlich dienende Funktion als Speichermedium und Gedächtnisstütze. Sie sorgt dafür, daß das Ritual ordentlich abläuft und keine Abweichungen durch Vergessen auftreten. Die erhaltenen Texte zeigen nun, welche Kräfte oder Tendenzen der Stillstellung hier wirksam sind. Zum einen bildet sich eine bestimmte Sprachvarietät heraus, an der man bis zuletzt festhält, auch wenn der Abstand zur gesprochenen Sprache immer größer wird. Zum anderen werden die Texte selbst über die Jahrtausende mitgeführt, auch wenn gelegentlich neue, aber in der alten Kultsprache, hinzukommen.

Beide Diskurse, der rituelle und der monumentale, sind geprägt vom Streben nach Stillstellung, nach Ausblendung von Wandel und Veränderung, und damit nach Identität. Es ist dasselbe Streben, das sich in Israel als Kanonisierung äußert. Auch Kanonisierung ist Stillstellung, Ausblendung von Wandel, Blockierung von Veränderung. Nichts hinzufügen, nichts wegnehmen, nichts verändern. Jamblichos' Charakterisierung des ägyptischen Innovationsverbots im Bereich des sprachlichen Umgangs mit den Göttern ist als Kommentar jener berühmten Stelle in den *Gesetzen* von Platon zu verstehen, in der dieser sehr viel allgemeiner auf ein generelles, gesetzlich verankertes Innovationsverbot im Bereich der gesamten »Musenkunst« zu sprechen kommt. Platon denkt hier nicht an Kult und Riten, sondern an Erziehung durch Tänze, als Einübung schöner Stellungen oder »schemata«. Wie Jamblichos Ritus und

Sprache, so verbindet Platon Tänze und Ikonographie. Diese Stelle zeigt vielleicht am deutlichsten, wie die Griechen Ägypten als einen Ort eigener Zeitordnung, als Chronotop, erfahren haben und welche Rolle das Prinzip Kanon dabei spielt – nichts wegnehmen, nichts hinzufügen, nichts verändern.

Was den Ägyptern zu fehlen scheint, ist eine Erinnerungskultur, die von einem Differenzbewußtsein gegenüber der Vergangenheit getragen ist. Vielleicht ist dies auch der Grund, warum es in Ägypten nie zu einer Geschichtsschreibung gekommen ist, die weit in die Vergangenheit zurückgreift. Solche Erinnerungskultur entsteht, wo immer sie sich ausbildet, auf den Trümmern einer untergegangenen Welt oder doch zumindest im Gefolge starker Traditionsbrüche und Krisenerfahrungen. Beispiele sind etwa das Griechenland der Perserkriege, das Israel bzw. Juda des babylonischen Exils, das eisenzeitliche Mesopotamien, um nur Weniges zu nennen. Solche Traditionsbrüche und Krisenerfahrungen können den Ägyptern nicht gut erspart geblieben sein. Es sieht indessen so aus, als habe die massive Präsenz der Denkmäler und die fortdauernde kultische Nutzung und Wiederverwendung alter Monumente eine Ruinenerfahrung im eigentlichen Sinne nicht aufkommen lassen. Die Ägypter saßen wohl nie auf den Trümmern einer untergegangenen Zeit und suchten ihr Heil in der Erinnerung.

In der Spätzeit aber stoßen wir auf ein Ritual, das nicht nur eine Inszenierung des kulturellen Gedächtnisses darstellt, sondern im wörtlichsten Sinne als ein Akt des Re-membering, der Wiedervereinigung verstreuter Glieder zu einem lebendigen Körper, begangen wird. Es wird zu Ende des Monats Choiak gefeiert und stellt in der Spätzeit das höchste ägyptische Fest dar. Die Festperiode beginnt mit der Auffindung und Einbalsamierung der zerstreuten Glieder des erschlagenen Osiris, die rituell vereint und belebt werden, und endet mit der Auferstehung des Osiris (das Fest der »Aufrichtung des Djedpfeilers«) und der Thronbesteigung des Horus, seines Sohnes und Rächers. Der Mythos, der diesem Fest zugrunde liegt und den aber erst Plutarch in zusammenhängender Form erzählt, ist eine Transposition der Totenriten ins Makrokosmische und Politische. So wie das Balsamierungsritual die *membra disiecta* des leblosen Körpers zu einer neuen beseelten und lebensfähigen Ganzheit reintegriert, so reintegrieren die Choiakriten die *membra disiecta* des erschlagenen Osiris zu einer Ganzheit, die das Land Ägypten darstellt. Noch einmal wird hier deutlich, wie sehr die ägyptischen Formen von Erinnerungskultur und Identitätskonstitution von der Erfahrung des Todes und der Sehnsucht nach seiner Überwindung geprägt sind. Der wiedervereinigte und zu einer beseelten Ganzheit reorganisierte Leib des erschlagenen Gottes bildet das Symbol für die rituell verwirklichte Zielgestalt Ägyptens als politischer und kultureller Einheit. Die 42 Glieder des Osiris, die in diesem Fest gesammelt, vereinigt und belebt werden, entsprechen den 42 Gauen des Landes.[23] Der Mythos erzählt, daß Seth-Typhon Osiris nicht nur erschlagen, sondern seinen Leichnam zerstückelt und die einzelnen Gliedmaßen über das ganze Land verstreut hat. Von jedem Gau nahm man an, daß er ein besonderes Körperglied des Osiris als zentrales Geheimnis und Heiligtum auf-

23 Grundlegend hierzu: Horst Beinlich, *Die »Osirisreliquien«. Zum Motiv der Körperzergliederung in der altägyptischen Religion*, Wiesbaden 1984.

bewahre. Zum Choiakfest gehört die »Kanopenprozession«, in der die personifizierten einzelnen Gaue in feierlicher Prozession das ihnen eigentümliche Körperglied in einer »Kanope« (einer Vase mit figürlichem Deckel) herbeibringen, um den Gottesleib wieder zusammenzusetzen.[24] In den zugehörigen Texten heißt es dann: »Ich bringe dir die 42 Städte und Gaue, die deine Glieder sind, das ganze Land ist für dich als Ort deines Körpers gegründet« oder »die 42 Gaue sind deine Glieder«.[25]

So bildeten die Ägypter den zergliederten Körper des Osiris auf die Vielheit der Gaue ab, um im Ritual der Gliedervereinigung und Einbalsamierung des Osiris zugleich die Einheit, Ganzheit und Unversehrtheit des Landes Ägypten zu begehen. Diese Wendung ins Politische ist, wie gesagt, für die Endsituation der ägyptischen Kultur charakteristisch, als das Land seine politische Eigenständigkeit verlor und unter die Fremdherrschaft erst der Perser und dann der Griechen und Römer geriet. In dieser Zeit wird die Einheit, Heiligkeit und Permanenz des Landes in vielen Texten und Riten beschworen. Dieses Suchen, Sammeln und Zusammenfügen, das nicht nur alljährlich in den Choiakriten begangen, sondern auch noch allen möglichen anderen Ritualen als Sinn unterlegt wird und in dem sich die Ägypter unablässig der gefährdeten Identität und Integrität ihrer Kultur vergewissern, möchte man mit den englischen Begriffen »re-collection« und »re-membering« zusammenbringen, die unserem Wort »Erinnerung« und »sich erinnern« entsprechen, aber in ihrer etymologischen Grundbedeutung nichts anderes als

24 Ebd., S. 80-207 und 272-289.
25 Ebd., S. 208f.

»wieder einsammeln« und »wieder zusammenfügen« heißen. Bei diesem soziopolitischen Körperbild handelt es sich um ein Symbol der religiösen, geschichtlichen und politischen Identität Ägyptens. Der Körper des Osiris ist ein Körper mit Geschichte, und es ist diese Geschichte, an die mit dem Ritual seiner Zusammenfügung (re-memberment) erinnert (remembered) wird. Der Tod des Osiris und die Thronbesteigung des Horus ist ein politischer Mythos. Der Gott Seth verkörpert nicht nur die kosmischen, sondern auch die politischen Chaosmächte, die Assyrer, die Perser, die Griechen und zuletzt die Römer.

Es scheint mir ein Irrtum, zu meinen, daß es hier nur um eine Variante des verbreiteten Vegetationsmythos vom sterbenden und auferstehenden Saatkorn geht. Natürlich gehört auch dieses Motiv zum Urbestand des Osirismythos. Aber es ist ganz sicher nicht die Sorge um das Keimen der Saat und die Wiederkehr der Vegetation, die diesen Mythos und seine Semantik des Zerreißens und Wiederzusammenfügens in den Mittelpunkt der spätägyptischen Kultur rückt. Dahinter steht vielmehr die Sorge um den Fortbestand dieser Kultur selbst, und zwar über eine Krise hinweg, die als Zerrissenheit gedeutet und begangen wird. Im Osirismythos geht es von Anfang an eher um Geschichte als um Vegetation. Von allen ägyptischen Mythen ist der Osiris-Mythos der geschichtlichste oder politischste, und das geschichtliche Handeln der Könige deutet und spiegelt sich unausgesetzt in den verschiedenen Motiven und Episoden dieses Mythos. Die Riten, die auf diesen Mythos Bezug nehmen, befördern in erster Linie die politisch-geschichtliche Ordnung. So heißt es im Papyrus Jumilhac, einem kulttheologischen Traktat der Spätzeit:

Wenn man die Osiris-Zeremonien vernachlässigt
zu ihrer Zeit an diesem Ort...
dann wird das Land seiner Gesetze beraubt sein,
und der Pöbel wird seine Oberen im Stich lassen,
und es gibt keine Befehle für die Menge.
Wenn man den Feind nicht köpft, den man vor sich hat
aus Wachs, auf Papyrus oder aus Holz nach den Vorschriften des Rituals,
dann werden sich die Fremdländer gegen Ägypten empören
und Bürgerkrieg und Revolution im ganzen Land entstehen.
Man wird auf den König in seinem Palast nicht hören
und das Land wird seiner Schutzwehr beraubt sein.[26]

In der griechisch-römischen Zeit erscheint die ägyptische Kultur als ein Sinnzusammenhang, der immer stärker von Vergessen und Zerreißen bedroht ist. Am Ende dieser Kultur steht ein Text, der den Untergang dieser Kultur, das endgültige Vergessen und Zerreißen dieses *officium memoriae* als Weltuntergang schildert. So wie man heute vom Ende der Geschichte redet, so spricht dieser Text vom Ende der Riten und vom Ende der kosmogonischen *memoria*, die den Zusammenhang von Kosmos, Ordnung und Geschichte gewährleistete. Der Text steht im Corpus Hermeticum. Voraus geht eine Beschreibung des Kults und seiner abbildenden Funktion, die himmlischen Vorgänge auf Erden nachzuvollziehen und auf diese Weise die kosmischen Segenskräfte auf die Erde herunterzuziehen.

Und doch wird eine Zeit kommen, wenn es so aussieht, als hätten die Ägypter vergeblich die Gottheit verehrt mit frommem Herzen und unablässiger Hingabe, und alle heilige Hinwen-

26 Papyrus Jumilhac XVII.19-XVIII,11: Es handelt sich um eine wesentlich längere Darstellung des Zusammenhangs zwischen Riten und kosmischer wie politischer Ordnung, aus der oben nur einige Sätze zitiert wurden. J. Vandier, *Le Papyrus Jumilhac*, Paris 1960, S. 129f.

dung zu den Göttern wird vergeblich und ihrer Früchte beraubt sein. Denn die Gottheit wird von der Erde wieder zum Himmel aufsteigen und Ägypten verlassen. Dieses Land, einst der Sitz der Religion, wird nun der göttlichen Gegenwart beraubt sein. Fremde werden dieses Land bevölkern, und die alten Kulte werden nicht nur vernachlässigt, sondern geradezu verboten werden. Von der ägyptischen Religion werden nur Fabeln übrig bleiben und beschriftete Steine. [...] In jenen Tagen werden die Menschen des Lebens überdrüssig sein und aufhören, den Kosmos [*mundus*] zu bewundern und zu verehren. Dieses Ganze, so gut, daß es nie etwas Besseres gab, gibt noch geben wird, wird in Gefahr sein, unterzugehen, die Menschen werden es für eine Last ansehen und es verachten. Sie werden diese Welt, das unvergleichliche Werk Gottes, nicht länger lieben, diesen glorreichen Bau, gefügt aus einer unendlichen Vielfalt von Formen, Instrument [*machina*] des göttlichen Willens, der seine Gunst rückhaltlos in sein Werk verströmt, wo sich in harmonischer Vielfalt alles, was der Anbetung, Lobpreisung und Liebe wert ist, als Eines und Alles zeigt. Finsternis wird man dem Licht vorziehen und Tod dem Leben. Niemand wird seine Augen zum Himmel erheben. Den Frommen wird man für verrückt halten, den Gottlosen für weise und den Bösen für gut. [...]

Die Götter werden sich von den Menschen trennen – o schmerzliche Trennung! –, und nur die bösen Dämonen werden zurückbleiben, die sich mit den Menschen vermischen und die Elenden mit Gewalt in alle Arten von Verbrechen treiben, in Krieg, Raub und Betrug und alles, was der Natur der Seele zuwider ist.

In jenen Zeiten wird die Erde nicht länger fest sein und das Meer nicht mehr schiffbar, der Himmel wird die Sterne nicht in ihren Umläufen halten, noch werden die Sterne ihre Bahn im Himmel einhalten; jede göttliche Stimme wird notwendig zum Schweigen kommen. Die Früchte der Erde werden verfaulen, der Boden wird unfruchtbar werden, und die Luft selbst wird stickig und schwer sein. Das ist das Greisenalter der Welt: das

Fehlen von Religion [*inreligio*], Ordnung [*inordinatio*] und Sinn [*inrationabilitas*].[27]

Das Greisenalter der Welt – das ist ihre Todesbefallenheit, die aus dem Abbruch der Riten, dem Verschwinden der Gerechtigkeit und dem Vergessen resultiert. Nichts zeigt deutlicher als die Metapher der Vergreisung, daß sich dem ägyptischen Verständnis die Welt in der Tat von der Erfahrung des Todes und von der Sehnsucht nach Dauer, Unsterblichkeit und Leben her erschlossen hat. Der Text hat ja recht, von der altägyptischen Kultur sind nur beschriftete Steine übrig geblieben, und wir können froh genug sein, daß wir inzwischen in der Lage sind, diese Inschrift zu lesen. Die Botschaft dieser Steine ist ein einziger Protest gegen den Tod und der wohl grandioseste Versuch seiner Überwindung, den die Menschheit je unternommen hat.

Ägypten ist gewiß ein extremer Fall. Aber vielleicht leistet er für die Fragestellung einer kulturwissenschaftlichen Thanatologie dasselbe, was für Sokrates und seine Gesprächspartner der Staat für die Frage nach der Gerechtigkeit leistete: eine Makroskopie, die im Medium

27 Asclepius 24-26, ed. Nock-Festugière, Collection Budé 1960, S. 326-329; koptische Fassung: Nag Hammadi Codex VI, 8.65.15-78.43, ed. Krause-Labib, Glückstadt 1971, S. 194-200. Vgl. Garth Fowden, *The Egyptian Hermes. A Historical Approach to the Late Pagan Mind*, Cambridge 1986, S. 39-43; Verf., »Königsdogma und Heilserwartung«, in: *Stein und Zeit. Mensch und Gesellschaft im alten Ägypten*, München 1991, S. 373f.; »Magische Weisheit. Wissensformen im ägyptischen Kosmotheismus«, in: *Stein und Zeit*, a. a. O., S. 75. J.-P. Mahé, *Hermès en Haute-Égypte*, Bd. 2, Quebec 1982, S. 69-97; D. Frankfurter, *Elijah in Upper Egypt. The Apocalypse of Elijah and Early Egyptian Christianity*, Minneapolis 1993, S. 188f. Dem lateinischen *inrationabilitas bonorum omnium* entspricht im Koptischen »das Fehlen guter Worte«. Der Untergang der sprachlichen Verständigung und das Überhandnehmen der Gewalt gehören zu den Zentralmotiven der ägyptischen Chaosbeschreibungen, s. Verf., »Königsdogma und Heilserwartung«, in: *Stein und Zeit*, a. a. O., S. 259-287.

der Vergrößerung und Verstärkung Strukturen sichtbar macht, die verallgemeinerbar sind und auch dort vorausgesetzt werden dürfen, wo sie weniger überdeutlich in Erscheinung treten. Dies zu prüfen wäre eine der Aufgaben einer kulturwissenschaftlichen Thanatologie, wenn es sie einmal gäbe.

Thomas Macho
Tod und Trauer im kulturwissenschaftlichen Vergleich

Methodologische Vorbemerkung

Der Tod ist ein widerspenstiges Thema. Seine wissenschaftliche Theoretisierung und Diskussion wird aus verschiedenen Gründen erschwert, die ich – angesichts der Frage nach einer kulturwissenschaftlichen Komparatistik – kurz charakterisieren will. An erster Stelle muß dabei die Erkenntnisgrenze kommentiert werden, die sich daraus ergibt, daß ein wissenschaftlicher Blick auf Sterben und Tod nur aus einer externen Perspektive möglich ist. Während die meisten Gegenstände kulturhistorischer Forschung – von den Anlässen der »rites de passage« (Geburt, Sexualität, Krankheit) bis zu den technischen und materiellen Objektivationen jeder Kultur – bloß einen relativen Widerstand gegen ihre theoretische Analyse ausüben, bleibt der Tod das opake, undurchdringliche Phänomen schlechthin. Der Tod ist nur von außen bekannt, er gestattet keine »hermeneutische« Annäherung und keine »teilnehmende Beobachtung«. Der Tod läßt sich nicht umstandslos als Erkenntnisgegenstand konstituieren: Dieser Satz bildet geradezu das notwendig *negative* Axiom jeder wissenschaftlichen Thanatologie. Diese negative Axiomatik läßt sich an einer weiteren Schwierigkeit verdeutlichen. Der Tod selbst kann nicht mental repräsentiert werden. Jede Vorstellung des Todes – gleichgültig, ob sie den Tod eines anderen Menschen oder den eigenen Tod in der Zukunft betrifft – scheitert an dem logisch elementaren Problem, daß kein System sein eigenes Ende widerspruchsfrei konzipieren kann.[1] Wenn

1 Vgl. Alois Hahn, *Unendliches Ende: Höllenvorstellungen in soziologi-*

aber der Tod opak und unvorstellbar ist, so läßt er sich nur schwer definieren. Definitionsprobleme, wie sie im medizinischen Kontext angesichts der Frage nach dem Zeitpunkt des »klinischen Todes« auftreten, prägen auch philosophische Debatten, die bekanntlich nicht einmal darin übereinkommen, ob sie den Tod als empirisches (beispielsweise organisches, soziales, kulturelles) Ereignis oder als ontologisches Universale kennzeichnen wollen.

Auf diese Schwierigkeiten – die Probleme der Opazität, der Unvorstellbarkeit und der Definition des Todesbegriffs – antworten verschiedene methodische Strategien. So wird der Tod gelegentlich zum »Grundwort«, zur anthropologischen Konstante schlechthin erklärt. Die kulturell variablen Reaktionen auf den Tod werden sodann auf eine Zeitachse eingetragen, die als »Geschichte des Todes« firmiert, nicht selten mit universalhistorischer Pointierung. In diesem Sinne schrieb etwa Arnold Toynbee:

»Des Menschen Wissen um seine Sterblichkeit mag das Gefühl seiner Menschenwürde gröblich verletzen. Solange dem Menschen jedoch dieses Gefühl zu eigen ist, fordert es von ihm, daß er dem Tod als das menschliche Geschöpf entgegentrete, das er ist, und nicht ›davonfährt wie ein Vieh‹. Ein Onkel von mir, dessen Namen zu tragen ich die Ehre habe und der im Alter von dreißig Jahren eines plötzlichen Todes starb, schrieb (prophetisch für ihn selber, wie sich herausstellte): ›Einen Augenblick hebt der Mensch den Kopf über die Wellen, blickt einmal wild um sich und vergeht. Doch dieser Blick, war er umsonst?‹ Unsere abendländischen christlichen Ahnen wußten, daß er

scher Perspektive, in: Karlheinz Stierle/Rainer Warning (Hg.): *Das Ende. Figuren einer Denkform.* Poetik und Hermeneutik, Bd. XVI, München 1996, S. 155-182.

nicht umsonst war. Ihre Nachkommen müssen dies Wissen wiedererlangen, soll die westliche Zivilisation weiterbestehen.«[2]

Die pathetisch vorgetragene Rede über *den* Menschen, *den* Tod, *das* heroisierte Wissen von der Sterblichkeit (im Horizont der Geschichte abendländischer Zivilisation) suggeriert ein universales »epistemisches Objekt«, das in den einzelnen Abschnitten der Gattungsgeschichte mit zunehmender Klarheit erkannt worden sei. Kulturen, die keinen allgemeinen Begriff des »Todes« verwenden, erscheinen in dieser Perspektive als »primitiv«, wenn nicht gar animalisch (»wie ein Vieh«); sie wurden vom zivilisatorischen Fortschritt ebenso erfolgreich verdrängt und überwunden wie die mythisch-religiösen Dogmen der Unsterblichkeit.

Die anthropologische Universalisierung des Todes setzt gewöhnlich eine Operation voraus, deren Legitimität zweifelhaft bleibt: Sie identifiziert den Begriff des Todes mit dem Begriff der Sterblichkeit. Die anthropologische Dignität des Todes wird dann gleichsam aus dem elementaren Satz mancher Logik-Einführungen abgeleitet: »Alle Menschen sind sterblich.« Der Satz ist evident, aber auch inhaltsleer – zumal er nicht nur für Menschen gilt, sondern auch für Dinge und Tiere, ja sogar für die meisten Götter. Allenfalls taugt er für *Vanitas*-Meditationen, wie sie – in poetisch unübertroffener Manier – im alttestamentarischen »Buch Kohelet« formuliert wurden. Um eine Trivialisierung des Satzes »Alle Menschen sind sterblich« zu vermeiden, wird er

2 Arnold Toynbee, »Wandlungen des Verhältnisses zum Tod in der heutigen westlichen Welt«, in: Ders., *Vor der Linie. Der moderne Mensch und der Tod.* Übersetzt von Wolfgang Gerfin, Frankfurt/M. 1970, S. 181f.

häufig – mehr oder weniger explizit – erweitert, und zwar zu einem Urteil über das *Wissen* vom Tod. In diesem Sinne behauptete Voltaire in seinem *Philosophischen Wörterbuch*: »Die Menschen sind die einzigen Lebewesen, die wissen, daß sie sterben«[3], oder Max Scheler: »Ein Mensch wüßte in irgendeiner Form und Weise, daß ihn der Tod ereilen wird, auch wenn er das einzige Lebewesen auf Erden wäre.«[4] Diese Behauptungen ergänzen den Satz »Alle Menschen sind sterblich« durch eine Art von Reflexionsbestimmung: »Alle Menschen sind sterblich – weil und insofern sie von ihrem bevorstehenden Tod wissen.« Erst diese Bestimmung verleiht dem Satz das Gewicht, das ihn tauglich macht für anthropologische Grundaussagen. Auf der Hand liegt freilich, daß die Konversion des »Todes« zur »Sterblichkeit« und die Konversion der »Sterblichkeit« zum »Wissen vom Tod« – exakt die beiden Verschiebungen übrigens, die Heidegger in *Sein und Zeit* vornimmt – gegen empirische Einwände abgesichert werden müssen. Allzuleicht ließen sich Beispiele anführen, die gegen die Generalisierbarkeit eines »Wissens vom Tod« in allen Kulturen sprechen. Darum hat bereits Scheler seine eben zitierte These durch eine zweite Behauptung radikalisiert und gleichermaßen immunisiert: Der Mensch, so argumentiert Scheler, »wüßte« von seinem Tod, auch »wenn er niemals andere Lebewesen jene Veränderungen hätte erleiden sehen, die zur Erscheinung des Leichnams führen«. Bekanntlich hat auch Heidegger die Empirie aus seinem »existenzialen Entwurf« eines

3 Voltaire, *Philosophisches Wörterbuch*. Übersetzt von Erich Salewski, Frankfurt/M. 1985, S. 144.

4 Max Scheler, »Tod und Fortleben«, in: Ders., *Zur Ethik und Erkenntnislehre. Schriften aus dem Nachlaß*, Bd. I, Bern 1957, S. 16.

»eigentlichen Seins zum Tode« von vornherein ausgeklammert.[5]

Die Alternative zu einer solchen universellen Thanatologie (mit ihren ontologischen oder anthropologischen Prämissen) bildet jene Kasuistik, die zuletzt Nigel Barley mit seinem Buch *Dancing on the Grave* aus dem Jahr 1995 präsentiert hat. Zwar beginnt auch dieses Buch mit einem Kapitel über die Universalität des Todes; aber diese Überschrift besagt nur noch: Der Tod kommt in allen Kulturen vor und wird auf verschiedenste Arten und Weisen konnotiert. In einer solchen kulturalistischen Perspektive wird die Opazität des Todes – kaum jemals des *eigenen* Todes – an einer Vielzahl von Beispielen demonstriert. »Dem Begriff des Todes geht es wie jeder anderen Kategorie. Grob gesehen, funktioniert er ganz gut, aber jeder Versuch, ihn genauer zu definieren, treibt ihn in eine Art von Konkurs.«[6] Dieser »Konkurs« wird an zahlreichen ethnologischen Berichten exemplifiziert. So erzählt Barley von den Großmüttern der Toraja auf Celebes, die häufig jahrelang nach ihrem Tod in den Wohnzimmern der Familien verbleiben. Der Leichnam wird

»in ungeheure Mengen saugfähigen Stoffes eingehüllt, der die Verwesungssäfte aufnimmt. Der abstoßende Gestank verliert sich vergleichsweise rasch. Manche modernen Toraja tricksen und benutzen Formalin, um den Verwesungsprozeß zu verlangsamen, während die Familie die nötigen Gelder beschafft und die abwesenden Angehörigen versammelt, damit zur nächsten Phase der Bestattung übergegangen werden kann. Täglich wird ein Tablett mit Essen und Trinken auf dem kipp-

5 Vgl. Martin Heidegger, *Sein und Zeit*, Tübingen [15]1979, S. 237-241.
6 Nigel Barley, *Tanz ums Grab*. Übersetzt von Ulrich Enderwitz, Stuttgart 1998, S. 65.

ligen Bündel deponiert. ›Wollen Sie ihr nicht Guten Tag sagen?‹ ›Nett, Sie kennenzulernen, Großmama!‹ Eine passende Geste zu finden war schwierig: ein Händedruck war nicht möglich, und das Bündel zu tätscheln, hätte plump vertraulich gewirkt. ›Wah, so ist es gut.‹ ›Wie lange ist sie schon tot?‹ Er sah mich entsetzt an. ›So etwas sagen wir nicht. Sie *schläft* oder *hat Kopfschmerzen*. Sie stirbt erst, wenn sie das Haus verläßt. Sie schläft seit drei Jahren.‹«

Bei den Dowayo wird dagegen jeder Mensch, der in eine Ohnmacht fällt, als »tot« angesehen. Und es

»gibt jede Menge Geschichten von Leuten, die wieder zum Leben erwachten, nachdem man schon begonnen hatte, ihre Körper einzuwickeln. Nicht etwa, daß solche Menschen nicht wirklich für tot gelten oder daß man nur eine Metapher gebraucht und in Wahrheit sagen will, in Ohnmacht fallen sei ›wie sterben‹. Die Dowayo bestehen darauf, daß diese Menschen wirklich und wahrhaftig tot *sind*. Aber dann hören sie einfach wieder auf, tot zu sein. Der Tod ist kein punktuelles Ereignis, er ist ein fortlaufender Vorgang, und manchmal kehrt sich der Vorgang um, und die Toten werden wieder lebendig.«[7]

Es wäre leicht möglich (wie sich von selbst versteht), eine ganze Bibliothek weiterer Erzählungen und Beschreibungen anzuschließen. Die methodische Problematik einer relativistischen Thanatologie offenbart sich spätestens im letzten Kapitel des Buches (in dem es um den Zusammenhang zwischen Todesriten und Glücksspiel geht): Sie verliert den Maßstab des Vergleichs, und zwar zugunsten einer prinzipiell endlosen Kette von Beispielen möglicher kultureller Praktiken. Dem ubiquitären »Zufall« des Todes antworten kontingente – ebendarum so differente – Maßnahmen und Veranstal-

7 Ebd., S. 67f. und 57f.

tungen, die sich eigentlich nicht mehr klassifizieren und vergleichen lassen. Zu Recht resümiert Nigel Barley:

»Die ungeheure Vielzahl von Betrachtungsweisen und Verfahrensformen im Blick auf den Tod lehrt uns bloß, daß unsere eigenen eingefleischten Formen, mit ihm umzugehen, nichts Naturgegebenes sind und daß wir sie ändern *könnten*, wenn wir wollten; zugleich lehrt sie uns, daß wir mit unseren Gewohnheiten denkbar weit entfernt davon sind, den Tod in seiner Bedeutungsfülle zu erschöpfen, und daß wir höchstens an der Oberfläche kratzen.«[8]

Aber selbst die (utopische) Zielvorstellung des Archivars, *alle* »Gewohnheiten« im Umgang mit dem Tod zu recherchieren, würde an dieser »Oberflächlichkeit« nichts ändern: Beispielsammlungen generieren keine Ordnungskriterien. Daraus ergibt sich vor allem, was ich den schmerzlichsten Verlust der relativistischen Perspektive nennen würde – nämlich die Unmöglichkeit, irgendeine Art von *longue durée* zu konzipieren. Die vertikale Sicht der Historie wird gleichsam zur horizontalen Anschauung eines »Panoptikums« geschrumpft. Gegen die Intention des Autors nehmen alle Details, die er referiert, unter der Hand den Status der Kuriosität ein: Bestattungsriten und Funeralzeremonien als Elemente einer »Freakshow«, wie sie gelegentlich in den »Völkerkunde«-Museen veranstaltet werden. (Als Beispiel nenne ich die jüngst erst eröffnete, äußerst materialreiche Ausstellung »La mort n'en saura rien: Reliques d'Europe et d'Océanie« im Pariser »Musée national des Arts d'Afrique et d'Océanie«).

Dabei könnte gerade die Verabschiedung aller existentialistischen Rhetorik und jeder konfessionellen Pa-

8 Ebd., S. 8.

thosformel den nüchternen Blick auf den Tod schärfen. Worin besteht die Gemeinsamkeit aller sogenannten »Todesfälle«? Sie ergibt sich schlicht daraus, daß ein Lebewesen nicht einfach verschwindet, wenn es stirbt, sondern »bleibt« (als Leichnam); sie ergibt sich ferner daraus, daß dieses Bleibende nicht dauert, sondern eine Reihe von Veränderungsprozessen durchläuft (»Verwesung«), die passiv registriert, aber auch aktiv gestaltet werden können. Dieses »Faktum« (im Sinne Sartres[9]) bildet keine anthropologische oder ontologische, sondern eine *materielle* Voraussetzung: Ich wäre nicht überrascht, wenn sich herausstellen sollte, daß auch bestimmte Primatengruppen ihre Artangehörigen »bestatten«; ich wäre noch weniger überrascht, wenn sich herausstellen sollte (was aufgrund archäologischer Befunde ohnehin wahrscheinlich ist), daß auch Menschengruppen in ihrer Gattungsgeschichte nicht immer Bestattungsriten veranstaltet haben. Ein Lebewesen kann sich von der einzig möglichen »Erfahrung« des Todes, die ihm zugänglich ist, abwenden oder sie praktisch, beispielsweise durch technische Maßnahmen, beeinflussen. Und es kann die materiellen Veränderungsprozesse *symbolisch* inszenieren, etwa als Trauerzeit oder als »Reise« des Toten in eine andere Welt. Abgesehen von den zahlreichen Möglichkeiten, das *Sterben* eines Lebewesens kulturell zu begleiten, ergeben sich aus dieser gleichsam »materialistischen« Perspektive folgende

9 Vgl. Jean-Paul Sartre, *Das Sein und das Nichts. Versuch einer phänomenologischen Ontologie*. Übersetzt von Hans Schöneberg und Traugott König, Reinbek bei Hamburg 1993, S. 937: »Der Tod ist ein reines Faktum wie die Geburt; er geschieht uns von draußen und verwandelt uns in Draußen. Im Grunde unterscheidet er sich in keiner Weise von der Geburt, und die Identität von Geburt und Tod ist das, was wir Faktizität nennen.«

Forschungsgebiete für das Projekt einer kulturwissenschaftlichen Komparatistik des Todes: *erstens* die Frage nach der »Erscheinung« und zeitlichen Transformation des Toten (die auch von klimatischen Rahmenbedingungen abhängt), *zweitens* die Frage nach den Möglichkeiten, diese »Erscheinungen« und Veränderungsprozesse technisch zu gestalten, *drittens* die Frage nach den möglichen Symbolisierungen dieser Maßnahmen durch die Überlebenden (»Trauerzeit«), einschließlich der Frage nach der symbolischen Projektion der Techniken, Rituale und induzierten Gefühle auf das unbekannte und ungreifbare »Schicksal« des Toten selbst.

1. Bild und Tod: Die Materialität des Toten

Der Status des Toten ist paradox. Er verkörpert die Anwesenheit eines Abwesenden. Nicht der Tod, wie Paul Ludwig Landsberg (im Anschluß an Scheler und Heidegger) behauptet, ist »für uns *anwesend in Abwesenheit*«[10], sondern der Gestorbene, die Leiche. Die Paradoxie der »Anwesenheit in Abwesenheit« hat Erich Fried (in seiner Erzählung vom »Kobenhavns Amts Sygehus Gentofte«) eindringlich dargestellt:

»Und ob dieses Gesicht noch ein Gesicht ist? Neben einem, im Halbdunkel, sagt der, der einen kennt, mit dem man hergekommen ist, leise aber ganz deutlich auf Englisch: ›I don't feel that is still her.‹ Er hat nicht das Gefühl, daß das noch sie ist. Man hört diese Worte und man versteht sie, und sie betreffen einen nicht. [...] Dieser Mensch soll also kein Mensch mehr sein. Dieses Gesicht soll also kein Gesicht mehr sein. Aber die-

10 Paul Ludwig Landsberg, *Die Erfahrung des Todes,* Frankfurt/M. 1973, S. 14.

ses Gesicht ist ein Gesicht. Dieses Gesicht ist ganz und gar ein Gesicht, das man kennt und das man kennen wird, wie man es noch nie zuvor gekannt hat. Dieses Gesicht ist und ist und ist. Es gibt nichts, was so ist wie dieses Gesicht, es gibt nichts, was so dauert wie dieses Gesicht, obwohl man nicht einmal weiß und sagen kann, ob die Augen offen oder zu sind.«[11]

Was sich zeigt, ist ein Mensch und doch kein Mensch, ein Gesicht und doch kein Gesicht. Ein vertrautes Antlitz und zugleich eine erstarrte Grimasse. Die Augen sind blicklos gebrochen und dennoch so bedrohlich, daß man sie zudrücken muß, um ihrer Wirkung zu entgehen. Jeder Tote ist ein Double. Er unterscheidet sich von seinem lebendigen Zwilling, ohne ein anderer zu werden. Die Leiche bringt ein Rätsel zur Anschauung. Wir wissen nicht, was sie zeigt. Einen »ehemals lebendigen Menschen«? Aber was ist denn ein »ehemals lebendiger Mensch«? Ein Ding, dessen Aura vergangenem Leben entlehnt wird, oder ein Mensch, dessen Aura seiner seltsamen »Verdinglichung« entspringt?

Hans Belting hat in einem originellen Interpretationsansatz die Paradoxie des Toten – seine »anwesende Abwesenheit« – mit der Frage nach den ältesten Impulsen der bildenden Künste verknüpft.

»Das Bild findet seinen wahren Sinn darin, etwas abzubilden, was abwesend ist und also allein im Bild da sein kann. Es bringt zur Erscheinung, was nicht im Bild *ist*, sondern im Bild nur *erscheinen* kann. Das Bild eines Toten ist also unter diesen Umständen keine Anomalie, sondern geradezu der Ursinn dessen, was ein Bild ohnehin ist. Der Tote ist immer schon ein Abwesender, der Tod eine unerträgliche Abwesenheit, die man schnell mit einem Bild füllen wollte, um sie zu ertragen.«

11 Erich Fried, »Kobenhavns Amts Sygehus Gentofte«, in: Ders., *Das Unmaß aller Dinge. Erzählungen*, Berlin 1982, S. 75.

Aber dieses zweite Bild antwortet bloß dem ersten Bild, wie Belting (im Anschluß an Maurice Blanchot[12]) kommentiert:

»Der Tod tritt selber immer schon im Bild auf, weil auch der Leichnam bereits zu einem Bild geworden ist, das dem Körper des Lebenden nur noch ähnelt. [...] Er ist nicht mehr Körper, sondern nur noch das Bild eines solchen. Niemand kann sich ähnlich sehen. Er tut es entweder nur im Bild oder nur als Leichnam.«[13]

Sterben heißt demnach: in sein eigenes »Abbild« transformiert zu werden.

»Der Schrecken des Todes liegt darin, daß sich vor aller Augen und mit einem Schlage in ein stummes Bild verwandelt, was gerade noch ein sprechender, atmender Körper gewesen ist. [...] Die Menschen waren hilflos der Erfahrung ausgeliefert, daß sich das Leben, wenn es stirbt, in sein eigenes Bild verwandelt. Sie verloren den Toten, der am Leben der Gemeinschaft teilgenommen hatte, an ein bloßes Bild.«

Erst diese Erfahrung der kontingenten »Bildwerdung« von Lebewesen habe die Menschen, so argumentiert Belting, dazu bewegt, ihrerseits Bilder herzustellen:

»Es war dies jetzt ein künstliches Bild, das man gegen das andere Bild, den Leichnam, aufbot. Im Bildermachen wurde man aktiv, um der Todeserfahrung und ihren Schrecken nicht länger passiv ausgeliefert zu bleiben.«[14]

Die Erzeugung von Bildwerken ermöglicht aber nicht nur die Verkehrung erlittener Passivität in künstlerische

12 Vgl. Maurice Blanchot, »Les Deux Versions de l'Imaginaire«, in: Ders., *L'espace littéraire*, Paris 1955, S. 340ff.

13 Hans Belting, »Aus dem Schatten des Todes. Bild und Körper in den Anfängen«, in: Constantin von Barloewen (Hg.), *Der Tod in den Weltkulturen und Weltreligionen*,. München 1996, S. 94.

14 Ebd., S. 95.

Aktivität; sie antwortet auch auf die mangelnde Haltbarkeit, die »Unverläßlichkeit« jenes Bildes (nach Belting und Blanchot), das der Tote selbst zur Erscheinung bringt. Somit wird Leiden in Handeln konvertiert – und Zerfall in Dauer. Das Material der ersten Bilder und Statuen stammte von Toten, beispielsweise im neolithischen Jericho (etwa 6 500 v. Chr.): Bei archäologischen Ausgrabungen[15] entdeckte man kunstvoll bearbeitete Menschenschädel, denen durch nachträgliche Applikation von Kalk- und Gipsschichten gleichsam ein zweites Antlitz verliehen worden war, das die Spuren der Verwesung von Haut und Fleisch beseitigt. »Jedes Gesicht ist anders und sehr individuell, und jedes wurde zu einem bestimmten Zweck hergestellt: Das Leben eines Verstorbenen sollte über den Tod hinaus bewahrt werden, indem man das vergängliche Fleisch durch etwas Unvergängliches ersetzte.«[16] Bei späteren Ausgrabungen (in Syrien und Jordanien) wurden nicht nur Schädel, sondern auch Ganzkörperstatuen gefunden; sie scheinen zu rechtfertigen, was Michel Serres in seiner Interpretation von Balzacs *Sarrasine* als den Ursprung der Bildhauerei bezeichnete:

»Woher kommen die Statuen? Aus dem Tod. Aus dem Grab. Aus dem Bestattungsritual. Aus der Leiche. Aus dem Aas. Aus der Verwesung. Aus dem, was in keiner Sprache einen Namen hat. Aus jenem Loch, jener Fehlstelle, jener Abwesenheit in der Sprache, aus jener Kastration, aus der das Objekt im allgemeinen = x hervorgeht. [...] Woher kommen die Statuen zu uns? Sie kommen nicht, sie kommen zurück. Götter, Helden oder

15 Vgl. Kathleen Mary Kenyon, *Excavations at Jericho*, Bd. III: *The Architecture and Stratigraphy of the Tell*, London 1981.

16 Terry Landau, *Von Angesicht zu Angesicht. Was Gesichter verraten und was sie verbergen.* Übersetzt von Brigitte Dittami, Heidelberg/Berlin/Oxford 1993, S. 204.

Menschen, ob groß oder falsch, erstehen zu neuem Leben, suchen uns heim, wie die Gespenster, die *revenants*, die Zurückkommenden. Phantome, die sich von ihrer zweiten Bestattung erheben, am Ende jeglicher Verwesung. Saubere Überreste ihres verflüssigten Fleisches. Sie kommen zu uns aus jener ersten makabren Technik, die auf dieses erste Objekt angewendet wurde, aus jener universellen, allen Kulturen eigentümlichen Praxis, in der für die menschliche Gattung der Ursprung jeglicher Technik liegt.«[17]

Vermutlich ist die Geschichte der Technik (von Faustkeilen bis Knochengraphismen oder Höhlenmalereien) älter als die Geschichte der Totenrituale. Die anthropologische Rhetorik des französischen Mathematikers und Philosophen verdeckt ihre Pointe: daß mit den Schädelkulten aus Jericho nicht die Geschichte der Technik, sondern die Geschichte der *Repräsentationen* begonnen haben könnte, und daß diese Geschichte der Repräsentationen der *Materialität* des Toten – und keiner Metaphysik des Todes, des Nichts oder der Nullstelle – entsprungen ist. Das provozierende Rätsel des Todes besteht nicht allein darin, daß der Tote »fortgeht«, sondern daß er »bleibt«: als ein veränderliches, aber auch beständiges »Material«. Das Problem der Repräsentationen drängt sich demnach auf als elementare *Widersprüchlichkeit* des »Bleibenden«: Fleisch verwest, die Knochen dauern, Haut läßt sich konservieren, die Eingeweide hingegen nicht. Diesen Widersprüchen korrespondieren die Eigenschaften verschiedener Stoffe: Stein, Metall, Holz, Ton, Gips oder Wachs; und von diesen Qualitäten hängt ab, wie und in welcher Weise die Materialität des ersten Bildes (nämlich der Leiche) in die

17 Michel Serres, *Der Hermaphrodit.* Übersetzt von Reinhard Kaiser, Frankfurt/M. 1989, S. 84.

Gestalt des zweiten Bildes oder einer Statue verwandelt werden kann. So betont Georges Didi-Huberman, daß die berühmten Goldmasken der mykenischen Königsgräber aus dem 16. Jahrhundert v. Chr., die offenbar »unmittelbar auf dem Gesicht gearbeitet« wurden, einerseits die »Dreidimensionalität des Kopfes wiedergeben« und eine »*Ähnlichkeit durch Berührung* erzeugen«, andererseits jedoch die »Elemente der Modellierung und der Treibarbeit« in einen »soliden Schematismus« überführen, der die »Vorherrschaft eines *ornamentalen Denkens* der menschlichen Gestalt bezeugt«.[18] Dabei sei zu berücksichtigen, daß diese »dialektische Behandlung – körperliche Berührung und Schmuck« – undenkbar wäre, »wenn das Trägermaterial, das Goldblech, nicht so außergewöhnlich formbar und der Prozeß des Abdrucks nicht inhärent umkehrbar wäre. Goldblech läßt sich von beiden Seiten bearbeiten.«[19]

Die Geschichte der Repräsentationen – der materiellen »Stellvertretungen« – beginnt also mutmaßlich im Einklang mit der Geschichte der Totenkulte. Dieser Zusammenhang läßt sich auch wort- und begriffsgeschichtlich demonstrieren, wie Carlo Ginzburg, unter Berufung auf Furetières *Dictionnaire universel* von 1690, moniert. »Unter *représentation* sind dort sowohl Puppen aus Wachs, Holz oder Leder angeführt, die bei Begräbnissen französischer und englischer Herrscher auf den Sarg gelegt wurden, als auch das leere, mit einem Bahrtuch bedeckte Totenbett, das noch in älterer Zeit den verstor-

18 Georges Didi-Huberman, *Ähnlichkeit und Berührung. Archäologie, Anachronismus und Modernität des Abdrucks.* Übersetzt von Christoph Hollender, Köln 1999, S. 34.
19 Ebd., S. 35.

benen Herrscher ›repräsentierte‹.«[20] Die kategoriale Differenz zwischen *mimetischer* Repräsentation (im Falle der Wachspuppe, der *effigies*) und der *symbolischen* Substitution (im Falle des Totenbetts) wird durch die *Gemeinsamkeit* der Verankerung im Totenkult überbrückt. Schon aus diesem Grund lasse sich der jahrzehntelange Streit um die historische Kontinuität der *effigies* – von den altrömischen bis zu den hochmittelalterlichen Bestattungspraktiken – im Sinne einer kulturwissenschaftlichen Komparatistik beenden, wie Ginzburg argumentiert: Die Abschwächung der Bilder- und Reliquienkulte (als mimetische Repräsentationen) im Spätmittelalter verdanke sich zentral der Dogmatisierung der Eucharistie im Jahre 1215. Die Transsubstantiationslehre behauptete die Realpräsenz Christi in der Hostie (als symbolische Substitution, die noch den Akt der Stellvertretung leugnet): Dagegen mußte »jede Evokation oder Manifestation des Heiligen – Reliquien, Bilder – verblassen«.[21] Der historische Paradigmenwechsel von mimetischer zu symbolischer Repräsentation könnte freilich auch an einem älteren Beispiel illustriert werden. Die Abwertung der Bilder und Statuen im griechischen oder jüdischen Totenkult begann nicht zuletzt mit der Durchsetzung des Schriftalphabets; fortan übernahmen Inschriften auf Ossuarien oder Grabsteinen die Funktion der Repräsentation der Gestorbenen. Die Materialität der Knochen und Bilder wurde gleichsam in die Materialität der Buchstaben übersetzt.[22]

20 Carlo Ginzburg, »Repräsentation. Das Wort, die Vorstellung, der Gegenstand«, in: Ders., *Holzaugen. Über Nähe und Distanz*. Übersetzt von Renate Heimbucher, Berlin 1999, S. 97.
21 Ebd., S. 112f.
22 Vgl. Jesper Svenbro, *Phrasikleia. Anthropologie de la lecture en Grèce ancienne*, Paris 1988. Vgl. auch Robert Garland, *The Greek Way of*

Ein zweites Forschungsfeld komparatistischer Thanatologie – nach der Geschichte der Repräsentationen – betrifft die Techniken der Bestattungsrituale und Funeralzeremonien im engeren Sinn. Die spezifische Materialität des Toten gestattet dabei im Prinzip zwei konträre Strategien: die Strategie der Verzögerung oder Aufhaltung des Verwesungsprozesses (etwa durch Konservierungspraktiken) und die Strategie der Beschleunigung oder Verhinderung des Verwesungsprozesses (etwa durch Skelettierungs- oder Kremationspraktiken). Mit beiden Strategien läßt sich der zeitliche Verfall des Toten beeinflussen und gestalten: zugunsten der Überführung des Leichnams – des ersten, des materiellen »Bildes« – in die gültige Repräsentation des zweiten, des kulturellen »Bildes«.[23] Von den neolithischen Schädelkulten war schon (am Beispiel Jerichos) die Rede; noch nicht erwähnt wurden die altägyptischen Leistungen der Totenkonservierung, die in den umfassenden Rahmen einer grandiosen Kultur der Unsterblichkeit – wie Hegel unter Berufung auf Herodot mehrfach betont[24] – eingebettet waren. In seiner »Sinngeschichte« Ägyptens resümiert Jan Assmann:

Death, Ithaca/N. Y. 1985, S. 104-123, sowie Ian Morris, *Death-Ritual and Social Structure in Classical Antiquity*, Cambridge 1992, S. 156-173.

23 Vgl. Thomas Macho, »Der zweite Tod. Zur Logik doppelter Bestattungen«, in: Jan Assmann/Rolf Trauzettel (Hg.), *Tod, Jenseits und Identität. Perspektiven einer kulturwissenschaftlichen Thanatologie*, München/Freiburg 2000 (in Vorbereitung).

24 Vgl. Georg Wilhelm Friedrich Hegel, *Vorlesungen über die Ästhetik I*, in: *Werke in zwanzig Bänden*, Bd. XIII, Frankfurt/M. 1970, S. 448ff.; sowie *Vorlesungen über die Philosophie der Geschichte*, a. a. O., Bd. XII, S. 265ff.

»Es dürfte auf der Welt keine zweite Grabtradition geben, die in gleicher Weise das Ganze der Kultur, Diesseits und Jenseits, Berufsleben und Totenkult, individuelle und gesellschaftliche Existenz dokumentiert und repräsentiert wie das ägyptische Grab. [...] Das ägyptische Monumentalgrab ist kein Grab in unserem heutigen Sinne. Seine Stellung in der ägyptischen Welt läßt sich am ehesten unserem Begriff der Kunst und Literatur vergleichen.«[25]

Im Zentrum dieser Monumentalgräber wurden die präparierten Toten (übrigens häufig auch konservierte Tiere) aufbewahrt. Natürlich konnte sich nicht jeder Ägypter ein Grabhaus leisten; während zunächst lediglich der Pharao und ihm nahestehende Menschen in den Genuß der aufwendigen Bestattungsprozeduren kamen, bemühten sich zum Ende des Alten Reiches immer mehr Menschen um die Errichtung eigener Grabbauten, die mit Reliefs, Malereien und Inschriften ausgestaltet wurden.

Auch die eigentliche Mumifizierung konnte nach mehreren, dem Status des Verstorbenen entsprechenden Methoden durchgeführt werden. Drei unterschiedlich kostspielige Techniken schildert bereits Herodot im zweiten Buch seiner *Historien*:

Die vornehmste Art ist folgende. Zunächst wird mittels eines eisernen Hakens das Gehirn durch die Nasenlöcher herausgeleitet, teils auch mittels eingegossener Flüssigkeiten. Dann macht man mit einem scharfen aithiopischen Stein einen Schnitt in die Weiche und nimmt die ganzen Eingeweide heraus. Sie werden gereinigt, mit Palmwein und dann mit geriebenen Spezereien durchspült. Dann wird der Magen mit reiner geriebener Myrrhe, mit Kasia und anderem Räucherwerk, je-

25 Jan Assmann, *Ägypten. Eine Sinngeschichte*, München/Wien 1996, S. 81 und 83.

doch nicht mit Weihrauch gefüllt und zugenäht. Nun legen sie die Leiche ganz in Natronlauge, siebzig Tage lang. Länger als siebzig Tage darf es nicht dauern. Sind sie vorüber, so wird die Leiche gewaschen, der ganze Körper mit Binden aus Byssosleinwand umwickelt und mit Gummi bestrichen, was die Ägypter an Stelle von Leim zu verwenden pflegen. Nun holen die Angehörigen die Leiche ab, machen einen hölzernen Sarg in Menschengestalt und legen die Leiche hinein. So eingeschlossen wird sie in der Familiengrabkammer geborgen, aufrecht gegen die Wand gestellt. [...] Wer die Kosten scheut und die mittlere Einbalsamierungsart vorzieht, verfährt folgendermaßen. Man füllt die Klystierspritze mit Zedernöl und führt das Öl in den Leib der Leiche ein, ohne ihn jedoch aufzuschneiden und die Eingeweide herauszunehmen Man spritzt es vielmehr durch den After hinein und verhindert den Ausfluß. Dann wird die Leiche die vorgeschriebene Anzahl von Tagen eingelegt. Am letzten Tag läßt man das vorher eingeführte Zedernöl wieder heraus, das eine so große Kraft hat, daß Magen und Eingeweide aufgelöst und mit herausgespült werden. Das Fleisch wird durch die Natronlauge aufgelöst, so daß von der Leiche nur Haut und Knochen übrig bleiben. Danach wird die Leiche zurückgegeben, und es geschieht nichts weiter mit ihr. Die dritte, von den Ärmeren angewandte Art der Einbalsamierung ist folgende. Der Leib wird mit Rettigöl ausgespült und die Leiche dann die siebzig Tage eingelegt. Dann wird sie zurückgegeben.«[26]

Schon dieser kurze Textabschnitt verdient einige knappe Kommentare, die den erwähnten Stoffen und Techniken gelten. Der »aithiopische Stein« bezeichnet wohl ein chirurgisches Instrument aus Obsidian, einem vulkanischen Glas von beachtlicher Schärfe, das in den alten Hochkulturen in großen Mengen gehandelt

26 Herodot, *Historien*, Buch II, 86-88. Übersetzt von A. Horneffer, Stuttgart 1971, S. 134f.

wurde; nach Plinius wurde der Obsidian durch den Römer Obsius in Äthiopien entdeckt – und ihm zu Ehren »obsianus« (nicht »obsidianus«) genannt. Myrrhe ist ein südarabisches Baumharz, Kasia ist Zimt vom Zimtbaum (»Cinnamon«), das von den Arabern aus Ceylon importiert wurde. Byssos bezeichnet ein Gewebe aus feinen Leinenfäden, das aus einer im Nildelta angebauten Pflanze gewonnen wurde; besonders beliebt war der feine alexandrinische Byssos, der auch für die Mumifizierung der Herrscher verwendet wurde. Der griechische Ausdruck für Gummi, *kommi*, ist ein ägyptisches Lehnwort (*qomi*). Der ägyptische »Gummi« stammte teilweise aus dem Sudan, teilweise aus Arabien; vermutlich handelte es sich dabei um Mastix, das Harz der mediterranen Anakardiazee. Zedernöl bewirkte keine Zersetzung, sondern lediglich eine Art von Desinfektion der Eingeweide; der Verwesungsprozeß konnte dadurch solange aufgehalten werden, bis auch die inneren Organe von der Natronlauge erreicht wurden. Rettichöl war bei den Ägyptern ein verbreitetes Wurm- und Abführmittel, das für diätetische Zwecke verwendet wurde. Herodot schreibt: »Die Lebensweise der Ägypter ist folgende. Jeden Monat nehmen sie drei Tage nacheinander Abführmittel ein und erhalten sich durch Brechmittel und Klystiere ihre Gesundheit; denn sie meinen, alle Krankheiten rühren von den eingenommenen Speisen her.«[27] – Ende des Kommentars: Was ich mit wenigen Bemerkungen thematisieren wollte, betrifft die komplexe Verflechtung zwischen Totenkult, Harz- und Gewürzhandel, Leinenweberei oder Diätetik, die sich bereits aus wenigen Zeilen Herodots erschließt. Eine

27 Ebd., S. 132.

ausführlichere Analyse solcher Verflechtungen sollte freilich keine positivistische Datenakkumulation bezwecken, sondern die Gewinnung neuer Perspektiven struktureller Interpretation.

Totenkulte sind eben nicht nur eingebettet in archetypische Vorstellungen und Mythen, sondern auch in ein System von differenzierten Kulturtechniken. So ließe sich die Einbalsamierungspraxis nicht nur auf spezifische Unsterblichkeitsmythen beziehen, sondern auch auf die üblichen Techniken zur Konservierung von Nahrungsmitteln, Getreide oder Fleisch. Baumharze wie die Myrrhe oder Zimtrinden wurden beispielsweise in der Alten Welt zur Aromatisierung und Haltbarmachung der Weine verwendet, Fleisch wurde getrocknet oder in Salzlaken gepökelt. Techniken zur Verzögerung der Verfaulung ließen sich nicht allein an Toten studieren und einüben, sondern ebensogut im alltäglichen Leben. Noch die Reliquien- und Knochenkulte des Mittelalters verweisen – gerade im theologischen Kontext der Abwertung des Fleisches – auf einen Erfahrungsraum, der von den prämodern schwierigen Bedingungen der Nahrungs- und Fleischbevorratung geprägt war. Verdrängt und abgewehrt wurde gleichsam die Erfahrung des faulenden Fleischs, die sich in jener Beschreibung des Menschen spiegelt, die just der Tod dem böhmischen Ackermann gibt:

»Ein Mensch wird in Sünden empfangen, mit unreinem, unnennbarem Unflat im mütterlichen Leib ernähret, nackend geboren und beschmiert wie ein Bienenkorb: ein ganzer Unrat, ein Kotfaß, ein Wurmfraß, ein Stankhaus, ein widerwärtiger Spülzuber, ein faules Aas, ein Schimmelkasten, ein Sack ohne Boden, eine durchlöcherte Tasche, ein Blasebalg, ein gieriger Schlund, ein übelriechender Harnkrug, ein übelduftender Eimer, ein betrüglicher Puppenschein, ein lehmiges Raubhaus, ein unersättlicher Löschtrog und ein gemaltes Trugbild.«[28]

Vergänglich ist der Mensch – weil und insofern er Fleisch ist: nämlich ein »Trugbild«, das noch nicht in seine dauerhafte Gestalt transformiert werden konnte. Viel zu selten wurde noch gefragt, ob nicht die Erfahrung der raschen Verderblichkeit des Fleisches (aber auch die Grandiosität des christlichen Versprechens einer »Auferstehung des Fleisches«) auf die alltäglichen Wahrnehmungskontexte der Ernährungsbedingungen bezogen werden muß. Pointiert gesagt: »frou werlte« ist auch eine Allegorie für ambivalente Erfahrungen mit Lebensmitteln; vor solchem Hintergrund müßten vielleicht bestimmte asketische Praktiken – Versuche, den »verklärten Leib« schon zu Lebzeiten zu gestalten – nicht als Ausdruck allgemeiner Körperfeindlichkeit beurteilt werden, sondern vielmehr als Anstrengungen, das verderbliche Fleisch bereits zu Lebzeiten durch die (im Reliquienkult verehrten) Knochen zu ersetzen.[29]

Neben der Ernährung könnten auch Fragen der Ökonomie oder der Körperpflege und Diätetik in eine Untersuchung des Zusammenhangs zwischen Bestattungsriten und Kulturtechniken einbezogen werden. Nicht umsonst wurden bei den ägyptischen Mumifizierungspraktiken zahlreiche Duftöle und Parfüms – übrigens häufig zum Nachteil der Konservierung – verwendet;

28 Johannes von Tepl, *Der Ackermann und der Tod.* Übersetzt von Felix Genzmer, Stuttgart 1984, S. 45.

29 Vgl. zu dieser Thematik Caroline Walker-Bynum, *Fragmentierung und Erlösung. Geschlecht und Körper im Glauben des Mittelalters.* Übersetzt von Brigitte Große, Frankfurt/M. 1996, S. 226-302.

und die Toten wurden (allerdings mit einigen rätselhaften Ausnahmen) kahlgeschoren und rasiert. Grabbeigaben liefern darüber hinaus wertvolle Aufschlüsse über Status und Wert von Gegenständen und Artefakten: Sie bezeugen nicht allein die jeweiligen Vorstellungen über ein »Leben nach dem Tod«, sondern vielmehr die »diesseitigen« Kontexte des »Lebens vor dem Tod«. Gelegentlich fungieren sie geradezu als »sprechende Objekte«, insbesondere in Verbindung mit Inschriften, die in erster Person abgefaßt sind – was Jesper Svenbro an verschiedenen Beispielen aus dem archaischen Griechenland erläutert:

»Das Objekt der Inschrift wird in der 1. Person bezeichnet, der Schreibende dagegen in der 3. Person (tatsächlich hat man erst ab 550 v. Chr. Objekte, die ausdrücklich in der 3. Person bezeichnet werden, gleichsam um die wirkliche, vom ›ich‹ gekennzeichnete Gewalt zu kaschieren). Eine Amphore aus dem 6. Jahrhundert kann als Beispiel angeführt werden: ›Kleimachos hat mich gemacht und ich gehöre ihm (*ekeínou eimí*)‹. Zum Zeitpunkt des Lesens wird Kleimachos nicht mehr da sein, er wird abwesend sein, was das Demonstrativum *ekeínos* präzise zum Ausdruck bringt (ekei-nos ist das Demonstrativpronomen der 3. Person, das darauf hinweist, daß die Person nicht ›hier‹, sondern ›dort‹, ja ›jenseits‹ (*ekei*) ist. Dagegen wird die Amphore dasein: Niemand kann mehr Anspruch auf das ›ich‹ der Inschrift erheben. Kleimachos kann das nicht. Er schreibt auf seine eigene Amphore, weil er seine zukünftige Abwesenheit voraussieht (im umgekehrten Fall wäre es nicht der Mühe wert, zu schreiben).«[30]

30 Jesper Svenbro, »Archaisches und klassisches Griechenland: Die Erfindung des stillen Lesens«. Übersetzt von Bernd Schwibs, in: Guglielmo Cavallo/Roger Chartier (Hg.), *Die Welt des Lesens. Von der Schriftrolle zum Bildschirm*, Frankfurt/New York/Paris 1999, S. 74f.

Auch die Kulturtechniken des Schreibens und Lesens, des Rechnens und Zählens (insbesondere der astronomischen Beobachtungen), manifestieren sich in den jeweiligen Toten- und Bestattungsritualen. Ihre differenzierte Historisierung – auch nach den bisher publizierten Untersuchungen zur Geschichte der Medien, des Lesens oder der Mathematik ein unvermindert aktuelles Projekt – könnte zu neuen Vermittlungen zwischen Religions- und Wissensgeschichte beitragen.

3. Todesantinomie und Totenreise

Was bisher demonstriert werden sollte, läuft auf den Versuch hinaus, die antiquierte Streitfrage um die Priorität von Mythen und Ritualen auf einen gemeinsamen Ausgangspunkt zu beziehen: die paradoxe Materialität des Toten, die sich in einem beeinflußbaren zeitlichen Prozeß verändert. Rituale werden dabei als Techniken verstanden, die in das gesamte Ensemble kultureller Techniken integriert bleiben; Mythen erscheinen unter solchen Gesichtspunkten als sinnstiftende Projektionen, die sowohl den Transformationsprozeß des Gestorbenen als auch die Bemühungen, diesen Prozeß aktiv zu gestalten, in ein kohärentes Symbolsystem zu »übersetzen« versuchen. Wie sich beinahe von selbst versteht, bleiben diese »Übersetzungsversuche« stets gefährdet; sie sind gleichsam »infiziert« von den Widersprüchen und Paradoxien, die den Anlaß ihrer Entwicklung gebildet haben. Franz Borkenau hat in einem bisher noch wenig rezipierten, postum veröffentlichten Essay die Struktur dieser »Übersetzungsversuche« als antinomisch (durchaus im Sinne der Kantischen Antinomienlehre) dargestellt.[31] Seine Hypothese einer »Todesantinomie« unterscheidet sich freilich von Jan Assmanns Vorschlag[32], Todes- und Unsterblichkeitsbewußtsein als »Kultur-Generatoren ersten Ranges« einander gegenüberzustellen, denn Borkenaus »Todesantinomie« ist prinzipiell *negativ* verfaßt. Sie entspringt der Unmöglichkeit, sich ein – womöglich gar endloses – »Leben nach dem Tod« vorzustellen, aber auch der Unmöglichkeit, sich ein definitives »Ende des Lebens« vorzustellen. Also bleibe gar nichts anderes übrig, als sich für einen Mythos zu entscheiden, der entweder die Unfähigkeit zur Unsterblichkeit hervorhebt oder die Unfähigkeit zur Sterblichkeit. Aus dieser Paradoxie – die mit der Paradoxie des Toten, seiner »anwesenden Abwesenheit«, verwandt zu sein scheint – wollte Borkenau ein Tableau möglicher kultureller »Lösungen« der »Todesantinomie« entfalten. Auf der Suche nach einer Systematik menschlicher Hochkulturen skizzierte er einerseits einen Typus von Gesellschaften, die in ihrem Gründungsmythos für die Unmöglichkeit des Todes eintreten – daher aber einen spezifischen Kanon von Ritualen, Dogmen und kultischen Traditionen aufbauen müssen, um das Risiko einer eskalierenden Mordparanoia zu begrenzen; denn tatsächlich sterben ja auch die Angehörigen einer Hochkultur, die auf Unsterblichkeit hofft. Andererseits skizzierte er einen Typus von Gesellschaften, die in ihrem Gründungsmythos für die Unmöglichkeit der Unsterblichkeit votieren – daher aber religiöse und politische Vorsorge treffen müssen, um das

31 Vgl. Franz Borkenau, »Todesantinomie und Kulturgenerationen«, in: Ders., *Ende und Anfang. Von den Generationen der Hochkulturen und von der Entstehung des Abendlandes.* Herausgegeben von Richard Löwenthal, Stuttgart 1984, S. 83-119.

32 In diesem Band, S. 14f.

Risiko epidemisch um sich greifender Schwermut zu begrenzen; denn tatsächlich hoffen ja auch die Angehörigen einer Hochkultur, die an Sterblichkeit glaubt, auf ein »Leben nach dem Tod«.

Borkenau empfahl keinen groben, dualistischen Raster, sondern ganz im Gegenteil: einen sensiblen Maßstab zur Beurteilung der einzigartigen Genialität von Kulturen, die ein Paradoxon bewältigen müssen, das keine simple Auflösung erlaubt. Aus der Perspektive seines Modells lassen sich die Pointen von Totenkulten oder Seelenlehren ebenso demonstrieren wie der Scharfsinn einer schriftorientierten Religion des »Eingedenkens«. Aus der Perspektive seines Modells läßt sich die Weisheit der altägyptischen Entscheidung für ein »Klassenprivileg der Unsterblichkeit«[33] ebenso ableiten wie das Gewicht der Osirisreligion, die für eine Bindung der Unsterblichkeitshoffnungen an einen sittlichen Lebenswandel plädierte. Aus solcher Perspektive läßt sich schließlich der historische Erfolg des Christentums als ein Sieg über die jüdische und griechische Kultur der »Todeshinnahme« interpretieren, während die Neuzeit als eine Epoche dysangelischer Vernunft, als Ära der Resignation vor den realnihilistischen Erfahrungen wiederholter Kriege, Massenmorde und Vertreibungen, charakterisiert werden könnte. Borkenau operierte nicht mit statischen Kategorien. Seine Spekulation sollte ja einen kritischen Kommentar bilden zu Spenglers Versuch, die Generationszyklen der Hochkulturen zu bilanzieren. Darum bezog er sich nicht allein auf die jeweils konkreten Gestaltungen der Todesantinomie, sondern vielmehr auf deren Entwicklungsdynamik:

33 Borkenau, »Todesantinomie und Kulturgenerationen«, a. a. O., S. 99.

»Jede Hochkultur beginnt mit einem Mythus, der die eine Seite der Todesantinomie hervorhebt, und endet mit einer Rationalisierung, die sich bemüht, der entgegengesetzten Seite zu ihrem Recht zu verhelfen. [...] Jede Nachfolgekultur (›affiliated civilization‹) beginnt mit einem Urmythus, der inhaltlich den Rationalisierungen der Spätphase der vorangehenden Kulturgeneration entspricht, und endet daher mit einer Rationalisierung, die inhaltlich dem Urmythus der vorangegangenen Kultur entspricht.«[34]

Es wechseln die Horizonte: von der Todesüberwindung zur Todesgewißheit, und umgekehrt; es wechseln aber auch die Darstellungs- und Symbolisierungsformen: vom Mythos zur Rationalisierung – und wieder zum Mythos, »Dialektik einer Aufklärung«, die nichts endgültig aufklären kann.

Borkenaus Hypothese läßt sich als ein Modell des Kulturvergleichs von Todesvorstellungen fruchtbar machen, weil sie in ihrer antinomischen Zuspitzung weder zum anthropologischen Universalismus noch zum relativistischen Kuriositätenkabinett tendiert. Was sie freilich übersehen muß, ist die Plausibilität einer Todesdeutung, die lediglich am Prozeß der Transformation der Materialität des Toten selbst orientiert bleibt. Kaum ein anderes Bild hat sich im Laufe der Metaphorisierung des Todes stärker eingeprägt als das Bild der Reise, des Übergangs, der Passage. Nicht wenige Grabbeigaben sind auch – und vielleicht sogar in erster Linie – Reiseutensilien. So einfach und zwingend die Reisevorstellung noch dem modernen Bewußtsein erscheint, so unübersehbar vielgestaltige Riten und Praktiken hat sie inspiriert. Die Zeremonien der *Toda* (aus Südindien)

34 Ebd., S. 96.

»umfassen die Verbrennung des Leichnams, die Aufbewahrung der Überreste und sehr elaborierte Umwandlungsriten. Dann äschert man die Überreste ein, vergräbt die Asche und legt einen Kreis aus Steinen um die Grabstätte. Der ganze Ablauf dauert mehrere Monate. Die Toten begeben sich nach Amnodr, in die Unterwelt, und heißen dort Amatol. Der Weg dorthin ist von Klan zu Klan verschieden und voller Hindernisse.«

Bei den *Ostjaken* von Abdorsk

»räumt man alle Gegenstände aus dem Haus mit Ausnahme der Dinge, die dem Toten gehörten. Man kleidet den Leichnam und legt ihn in ein ausgehauenes Kanu. Ein Schamane fragt den Verstorbenen nach den Gründen seines Todes. Dann bringt man den Leichnam zum Bestattungsplatz des Klans, stellt das Kanu auf dem gefrorenen Boden so ab, daß die Füße des Toten nach Norden weisen, und legt alles, was er im Jenseits braucht, neben ihm aus. Dann nimmt man an Ort und Stelle ein Abschiedsmahl ein, zu dem man den Toten einlädt, und läßt ihn schließlich zurück. Weibliche Verwandte stellen eine Puppe nach seinem Ebenbild her, kleiden, waschen und füttern sie täglich – und zwar zweieinhalb Jahre lang, wenn der Tote ein Mann war, zwei Jahre, wenn es sich um eine Frau gehandelt hatte. Danach legt man die Puppe auf das Grab.«[35]

Die Beispiele ließen sich beliebig vermehren. Die Ethnologen berichten von verschiedenen Reisearrangements, aber auch von verschiedenen Reisezeiten: manche Völker glaubten, die letzte Fahrt dauere drei Wochen, andere drei Jahre. Verschieden waren die Reisemittel; manche Stämme verschifften ihre Toten, andere Ethnien wiederum töteten ein Reittier am Grab, damit der Tote während der beschwerlichen Reise zu

35 Arnold van Gennep, *Übergangsriten [Les rites de passage]*. Übersetzt von Klaus Schomburg und Sylvia M. Schomburg-Scherff, Frankfurt/New York 1986, S. 145 f.

seinem endgültigen Bestimmungsort nicht zu Fuß gehen mußte. Mancher Tote mußte seinen Weg allein antreten; anderen Verstorbenen wurden hingegen Diener, Frauen und Kinder – womöglich ein ganzer Hofstaat – an die Seite gestellt. Naturgemäß waren auch die Reiseziele verschieden. Gelegentlich wurde vermutet, die Toten würden eine ferne Insel aufsuchen: unzweifelhaft ein guter Grund, sie mit Booten oder Rudern auszurüsten. Die Bibel wiederum beschrieb das Jenseits gern als eine Stadt, als eine mit Mauern umgebene Festung; und gelegentlich wurde das Totenreich auch auf einem Berggipfel oder in einer Höhle vermutet. Manchmal galt das Reiseziel der Verstorbenen als die schönere, manchmal als die häßlichere Welt. Und einige Kulturen – nicht zuletzt die christlich-abendländische – haben das Jenseits aufgespalten: in eine schönere und eine häßlichere Welt, in Himmel und Hölle. Im 12. Jahrhundert wurde schließlich das Fegefeuer »erfunden«: erst das Purgatorium hat die Idee vom Zwischenzustand, von der *passage* »außerhalb der Zeiten«, die der Differenz zwischen dem »ersten Bild« des Toten (als Leiche) und seinem »zweiten Bild« (seiner kulturellen Repräsentation) verblüffend gleicht, in den Rang einer theologischen Spekulation erhoben.

Ihre diesseitige Entsprechung fand die Totenreise in der Trauerzeit. Die Übergangsphase, jene Zeitspanne, die oft genug mit der realen Verwesungsdauer der Leichen konvergierte, verpflichtete die lebenden Verwandten des Toten zu zahlreichen Abwehrmaßnahmen und Vorkehrungen. Während der letzten *passage* bildete die Trauergemeinde eine besondere Gruppe, die weder der Welt der Lebenden, noch dem Reich der Toten, sondern gewissermaßen einer »Zwischensphäre« angehörte.

Während dieser Zeit wurden die Trauernden aus dem sozialen Leben ausgeschlossen. Sie mußten komplizierte Verhaltensregeln und spezifische Tabus beachten: Vorschriften für Reinigung, Nahrung, Kleidung oder Kommunikation. Bei den *Haida* rasierten sich beispielsweise die Verwandten des Toten ihren Kopf und schwärzten das Gesicht. Die Witwe mußte zehn Tage lang einen Stein als Kopfkissen benutzen; sie sollte häufig baden, aber ohne das Gesicht zu waschen. Manchmal durften die Trauernden ihr Haus nicht verlassen; und für einige Zeit erlosch das Feuer im Herd. Bestimmte Speisen durften nicht mehr verzehrt oder zubereitet werden. Und nur wenige Menschen waren berechtigt, das Sterbehaus zu verlassen oder zu betreten. Bei den australischen Ureinwohnern wurde der Leichnam auf einer Plattform aufgebahrt, bis er sich vollständig zersetzt hatte und nur noch die Knochen übriggeblieben waren. In den Wochen und Monaten dieser Aufbahrung wurde eine Serie von Ritualen praktiziert, die Emile Durkheim eindrucksvoll dargestellt hat.[36] Robert Hertz, ein Schüler Durkheims, versuchte die gesellschaftliche Arbeit der Trauer als ein psychosoziales Korrelat des Verwesungsprozesses zu beschreiben:[37] was in der Trauerzeit verwese und schließlich zu wenigen, starren, unveränderlichen Symbolen gerinne, sei das Gedächtnisbild des Toten selbst – die Erinnerung an sein Leben, sein Aussehen, seine Taten. Während zunächst noch allerlei Assoziationen, ambivalente Empfindungen, verworrene Schuldgefühle, Tagträume und

36 Vgl. Emile Durkheim, *Die elementaren Formen des religiösen Lebens.* Übersetzt von Ludwig Schmidts, Frankfurt/M. 1981, S. 525 f.

37 Vgl. Robert Hertz, »Contribution à une étude sur la représentation collective de la mort«, in: *L'Année Sociologique*, 10 (1905/06), Paris 1907, S. 48-137.

plötzlich auftretende Halluzinationen das Bewußtsein plagen, komme es langsam zu einer Art von Verknöcherung, zu einer »Kristallisierung« der Erinnerung, die auch in der Repräsentation des Toten ihren angemessenen Ausdruck findet. Aus solcher Perspektive mag es gestattet sein, die Arbeit am kulturellen Gedächtnis insgesamt als eine höhere Form von Skelettierungspraxis zu charakterisieren: das Zufällige, Formbare, Weiche, aber auch das Fleisch lebendiger Erfahrung und Kommunikation weicht im Laufe der Trauerzeit dem Notwendigen, Festgestellten und Harten, – dem Ossuar, dem Skelett, dem Schädel mit seinen Ornamenten, Zeichen oder Namen. Und zuletzt wird das Totenreich ebenso erfolgreich versiegelt wie das Gedächtnis der Lebenden.

Zu den Autoren

Jan Assmann, geboren 1938, lehrt Ägyptologie an der Ruprecht-Karls-Universität Heidelberg. Zuletzt erschienen u. a.: *Das kulturelle Gedächtnis. Schrift, Erinnerung und politische Identität* (1992); *Ägypten. Eine Sinngeschichte* (1996); *Moses der Ägypter. Entzifferung einer Gedächtnisspur* (1998); *Herrschaft und Heil. Politische Theologie in Ägypten, Israel und Europa* (2000).

Thomas H. Macho lehrt Kulturgeschichte an der Humboldt-Universität Berlin. Zuletzt erschienen u. a.: *Todesmetaphern. Zur Logik der Grenzerfahrung* (1987).

Philosophie
in der edition suhrkamp

Adorno, Theodor W.: Eingriffe. Neun kritische Modelle. es 10 und es 3303
– Gesellschaftstheorie und Kulturkritik. es 772
– Jargon der Eigentlichkeit. Zur deutschen Ideologie. es 91
– »Ob nach Auschwitz sich noch leben lasse«, Ein philosophisches Lesebuch. Herausgegeben von Rolf Tiedemann. es 1844
– Stichworte. Kritische Modelle 2. es 347
Bachelard, Gaston: Das Wasser und die Träume. Aus dem Französischen von Henriette Beese. es 1598
Benhabib, Seyla: Selbst und Kontext. Geschlecht, Gemeinschaft und Postmoderne in der zeitgenössischen Ethik. Aus dem Amerikanischen von Isabella König. es 1725
Benjamin, Walter: Das Passagen-Werk. 2 Bde. Herausgegeben von Rolf Tiedemann. es 1200
– Zur Kritik der Gewalt und andere Aufsätze. Mit einem Nachwort von Herbert Marcuse. es 103
Bloch, Ernst: Abschied von der Utopie? Vorträge. Herausgegeben und mit einem Nachwort versehen von Hanna Gekle. es 1046
– Kampf, nicht Krieg. Politische Schriften 1917-1919. Herausgegeben von Martin Korol. es 1167
– Tübinger Einleitung in die Philosophie. es 3308
– Viele Kammern im Welthaus. Herausgegeben von Friedrich Dieckmann und Jürgen Teller. es 1827
Böhme, Gernot: Anthropologie in pragmatischer Hinsicht. Darmstädter Vorlesungen. es 1301
– Atmosphäre. Essays zur neuen Ästhetik. es 1927
– Für eine ökologische Naturästhetik. es 1556
– Natürliche Natur. Über Natur im Zeitalter ihrer technischen Reproduzierbarkeit. es 1680
Bubner, Rüdiger: Ästhetische Erfahrung. es 1564
– Dialektik als Topik. es 1591
– Zwischenrufe. Aus den bewegten Jahren. es 1814
Butler, Judith: Das Unbehagen der Geschlechter. Aus dem Amerikanischen von Kathrina Menke. es 1722
Deleuze, Gilles: Die Logik des Sinns. Aus dem Französischen von Bernhard Dieckmann. es 1707
– Unterhandlungen 1972–1990. Aus dem Französischen von Gustav Roßler. es 1778
Derrida, Jacques: Das andere Kap. Die aufgeschobene Demokratie. Zwei Essays. Aus dem Französischen von Alexander García Düttmann. es 1769

304/1/12.96

Philosophie in der edition suhrkamp

Derrida, Jaques: Gesetzeskraft. Aus dem Französischen von Alexander G. Düttmann. es 1645 und es 3331
– Schreiben der Differenz. Ein Lesebuch. Herausgegeben von Christoph Menke. es 1843
– Vergessen wir nicht - die Psychoanalyse! Herausgegeben und übersetzt von Hans-Doeter Gondek. es 1980
Euchner, Walter: Egoismus und Gemeinwohl. Studien zur Geschichte der bürgerlichen Philosophie. es 614
Ewald, François: Der Vorsorgestaat. Aus dem Französischen von Hermann Kocyba. Mit einem Essay von Ulrich Beck. es 1676
Feyerabend, Paul: Briefwechsel mit einem Freund. es 1946
– Erkenntnis für freie Menschen. Veränderte Ausgabe. es 1011
– Wissenschaft als Kunst. es 1231
Versuchungen 1. Aufsätze zur Philosophie Paul Feyerabends. Herausgegeben von Hans Peter Duerr. es 1044
Versuchungen 2. Aufsätze zur Philosophie Paul Feyerabends. Herausgegeben von Hans Peter Duerr. es 1068
Foucault, Michel: Raymond Roussel. Übersetzt von Renate Hörisch-Helligrath. es 1559
Spiele der Wahrheit. Michel Foucaults Denken. Herausgegeben von François Ewald und Bernhard Waldenfels. Übersetzt von Hans-Dieter Gondek. es 1640
Die Frage nach dem Subjekt. Herausgegeben von Manfred Frank, Gérard Raulet und Willem van Reijen. es 1430
Frank, Manfred: Einführung in die frühromantische Ästhetik. es 1563
– Gott im Exil. Vorlesungen über die Neue Mythologie. II. Teil. es 1506
– Die Grenzen der Verständigung. es 1481
– Der kommende Gott. Vorlesungen über die Neue Mythologie. I. Teil. es 1142
– Motive der Moderne. es 1456
– Die Unhintergehbarkeit von Individualität. Reflexionen über Subjekt, Person und Individuum aus Anlaß ihrer ›postmodernen‹ Toterklärung. es 1377
– Was ist Neostrukturalismus? es 1203
Fraser, Nancy: Widerspenstige Praktiken. Macht, Diskurs, Geschlecht. es 1726
Geist gegen den Zeitgeist. Erinnern an Adorno. Herausgegeben von Josef Früchtl und Marina Calloni. es 1630

304/2/12.96

Philosophie
in der edition suhrkamp

Gemeinschaften. Positionen zu einer Philosophie des Politischen. Herausgegeben von Joseph Vogl. es 1881

Gewalt und Gerechtigkeit. Derrida liest Benjamin. Herausgegeben von Anselm Haverkamp. es 1706

Goodman, Paul: Die Tatsachen des Lebens. Ausgewählte Schriften und Essays. es 1359

Habermas, Jürgen: Technik und Wissenschaft als Ideologie. es 287

Henrich, Dieter: Konzepte. Essays zur Philosophie in der Zeit. es 1400

– Eine Republik Deutschland. Reflexionen auf dem Weg aus der deutschen Teilung. es 1658

Irigaray, Luce: Speculum. Spiegel des anderen Geschlechts. Aus dem Französischen übersetzt von Xenia Rajewsky, Gabriele Ricke, Gerburg Treusch-Dieter und Regine Othmer. es 946

Lacoue-Labarthe, Philippe: Die Nachahmung der Modernen. Aus dem Französischen von Thomas Schestag. es 1708

Laing, Ronald D.: Phänomenologie der Erfahrung. Aus dem Englischen übersetzt von Klaus Figge und Waltraud Stein. es 314

Lüderssen, Klaus: Genesis und Geltung. es 1962

Marcuse, Herbert: Ideen zu einer kritischen Theorie der Gesellschaft. es 300

– Konterrevolution und Revolte. Unter Mitwirkung von Alfred Schmidt übersetzt von Rolf und Renate Wiggershaus. Autorisierte Übersetzung. es 591

– Kultur und Gesellschaft 1. es 101

– Kultur und Gesellschaft 2. es 135

Maruyama, Masao: Denken in Japan. Eingeleitet und aus dem Japanischen übertragen von Wolfgang Schamoni und Wolfgang Seifert. es 1398

Rosset, Clément: Das Reale. Traktat über die Idiotie. Aus dem Französischen von Renate Hörisch-Heligrath. es 1442

Ruinen des Denkens. Denken in Ruinen. Herausgegeben von Norbert Bolz und Willem van Reijen. Mit Abbildungen. es 1933

Russell, Bertrand: Probleme der Philosophie. Aus dem Englischen übersetzt und mit einem Nachwort versehen von Eberhard Bubser. es 207

Sandkühler, Hans Jörg: Die Wirklichkeit des Wissens. es 1679

Sebeok, Thomas A. / Jean Umiker-Sebeok: »Du kennst meine Methode.« Charles S. Peirce und Sherlock Holmes. Aus dem Amerikanischen von Achim Eschbach. es 1121

Serres, Michel: Der Hermaphrodit. Aus dem Französischen von Reinhard Kaiser. es 1552

304/3/12.96

Philosophie
in der edition suhrkamp

Serres, Michel: Der Naturvertrag. Aus dem Französischen von Hans-Horst Henschen. es 1665

Sloterdijk, Peter: Der Denker auf der Bühne. Nietzsches Materialismus. es 1353

– Eurotaoismus. Zur Kritik der politischen Kinetik. es 1450 und es 3328

– Kopernikanische Mobilmachung und ptolemäische Abrüstung. Ästhetischer Versuch. es 1375

– Kritik der zynischen Vernunft. 2 Bde. es 1099

– Versprechen auf Deutsch. Rede über das eigene Land. es 1631

– Weltfremdheit. es 1781

– Zur Welt kommen – Zur Sprache kommen. Frankfurter Vorlesungen. es 1505

Peter Sloterdijks ›Kritik der zynischen Vernunft‹. es 1297

Sohn-Rethel, Alfred: Soziologische Theorie der Erkenntnis. Mit einem Vorwort von Jochen Hörisch. es 1218

Strasser, Peter: Philosophie der Wirklichkeitssuche. es 1518

– Die verspielte Aufklärung. es 1342

Strohm, Harald: Die Gnosis und der Nationalsozialismus. es 1973

Tugendhat, Ernst: Ethik und Politik. es 1714

Vernant, Jean-Pierre: Die Entstehung des griechischen Denkens. Aus dem Französischen von Edmund Jacoby. es 1150

Veyne, Paul: Foucault: Die Revolutionierung der Geschichte. Aus dem Französischen von Gustav Roßler. es 1702

Vor der Jahrtausendwende: Berichte zur Lage der Zukunft. 2 Bände. Herausgegeben von Peter Sloterdijk. es 1550

Wittgenstein, Ludwig: Tractatus logico-philosophicus. Logisch-philosophische Abhandlung. es 12

Die Zukunft der Aufklärung. Herausgegeben von Jörn Rüsen, Eberhard Lämmert und Peter Glotz. es 1479

Zur Verteidigung der Vernunft gegen ihre Liebhaber und Verächter. Herausgegeben von Christoph Menke und Martin Seel. es 1893

304/4/12.96